뒤탈 없이 화내는 법

뒤탈 없이 화 내는 법

화를 참지 못하는 당신에게

모리세 시게토모 지음 | **이지현** 옮김

RHK
알에이치코리아

화를 자주 느낀다고 걱정하지 마라

나는 컨설턴트로 일하면서 화가 자주 난다고 호소하는
사람들을 많이 상담했다.

"애인이 약속을 잘 안 지켜요."
"후배가 일을 너무 대충해서 화가 나요."

"남편이 집을 너무 어질러요."

"매일매일 안절부절못해 짜증이 나서 일에 집중할 수가 없어요!"

"화가 머리끝까지 나서 폭발할 직전이에요. 도저히 참을 수가 없어요!"

그들은 직장이나 가정, 연애, 육아, 금전, 인간관계 등 주변을 둘러싼 모든 관계에서 화를 느꼈다.

그런데 혹시 그거 아는가? 화를 자주 느끼는 사람일수록 오히려 에너지가 넘쳐서 연애나 직장 내 인간관계 등이 원만할 가능성이 높고, 자신의 삶을 긍정적인 방향으로 이끌어 나갈 기회가 많다는 사실을 말이다.

예를 들어 애인에게 차인 슬픔과 분노의 감정을 긍정적

인 에너지로 바꾸어 자신을 아름답게 가꾸거나 걸핏하면 싸우던 부부 사이가 갑자기 좋아지거나 가슴 아픈 사건을 계기로 1년이 아니라 단 1개월 만에 일확천금을 벌어들이는 소위 대박을 터트리는 사람을, 나는 수도 없이 많이 만나 왔다.

나 역시 불과 몇십 년 전까지만 해도 여러 사람들에게 구걸하며 돈을 빌려야 하는 가난뱅이였다. 그런데 뜻밖의 일로 '화내지 않는 삶'을 시작했더니 인생에 변화가 찾아왔고 인간관계도 좋아졌다. 심지어 지금은 금전적인 어려움 없이 잘 지내고 있다.

만일 자신이 평소에 '화를 잘 낸다', '분노를 자주 느낀다'라고 생각한다면 행운이라고 말하고 싶다. 자신의 마음

속 분노와 화를 '어떻게 활용할 것인지'에 따라서 행운을 잡을 기회가 많은 것이니까요.

그런데 유감스럽게도 90% 정도가 그런 행운의 기회를 놓치고 산다. 분노와 화로 인해서 이성을 잃고 '사고 정지'의 늪에 빠지기 때문이다.

화내는 것 말고도 해결책이 있다!

화가 잔뜩 나서 찾아온 고객에게 나는 이렇게 묻는다.

"본인이 왜 화가 난 것 같으세요?"

그러면 대개 이런 대답이 돌아온다.

"사실 저는 화를 내고 싶지 않았습니다. 그런데 상대방이 그렇게 만들더군요!"

네에~~!!?

화를 잘 내는 사람은 그냥 화를 내는 거랍니다.

'잘못된 학습'이니 사고 전환이 시급합니다~

예전에 자기 말을 잘 들어줬다는 '성공 경험'을 맛본 거예요.

이때 나는 이렇게 말한다.

"그러셨군요. 그런데 사실 우리는 화를 내고 싶어서 내는 거랍니다. 화를 내기 쉬운 상대에게는 화를 내고, 화를 내기 어려운 상대에게는 화를 내지 않죠. 아무 말도 못 하고 꾹 참습니다."

주변 사람에게 화를 자주 내는 사람은 '성공 경험'에 사로잡혀 있는 것이다. 화를 냈더니 상대방이 자신의 말을 잘 들어줬던 경험 말이다. '화를 냈더니 일이 잘 풀렸다.' 이런 잘못된 학습을 경험하면 사람은 같은 일을 반복한다. 즉, 화내는 것 외에는 달리 해결책을 몰라서 어쩔 수 없이 화를 내는 것이다.

그런데 안타까운 건 그렇게 주변 사람에게 화를 내봤자 분노의 감정은 사라지지 않는다는 것이다. 오히려 인간관

계만 악화될 뿐이다. 연애운도 금전운도 멀리 떠나가기에 부자는 절대로 싸우지 않는다.

'헛된 분노'를 버리면 일이 잘 풀린다!

그렇다면 어떻게 해야 할까? 그 요령으로 나는 '화내지 않는 스위치를 누른다'라는 방법을 소개하고자 한다.

'화내지 않는 스위치를 누른다'는 것은 '불필요한 분노의 감정을 떨쳐버리고 즐겁고 행복한 일로 관심을 돌려서 그쪽으로 움직이자'는 함축적인 표현이다.

'실천 방법은 간단'하지만 '그 효과는 어마어마'하다. 실제로 불필요한 분노의 감정이 점차 사라지고 '화내지 않는

체질'로 변했다, '상종하고 싶지 않은 사람을 멀리하고 긍정적인 인간관계를 맺게 되었다' 등 수많은 고객의 삶이 좋아졌기 때문이다. 그러니 이 책에서 소개하는 방법 중에 자신에게 '맞을 것 같다', '괜찮을 것 같다'라고 느낀 것이 있다면 적극적으로 자신의 삶에 적용해보자.

✛ '화내지 않는 체질'이 될 수 있다

가령 요즘 들어 '안절부절못하고 짜증이 난다', '화가 나서 폭발하기 일보 직전이다'라고 느끼는가? 그렇다면 피로와 스트레스가 극심한 상태다. 맛있는 음식을 먹거나 평소보다 일찍 잠자리에 드는 등 지금의 생활 패턴을 재점검해 보자. 평소보다 기분 좋은 아침을 맞이하면 원인 모를 불안에서 벗어날 수 있고 상쾌한 기분으로 하루를 시작할 수 있다. 자세한 내용은 PART 2를 참고하자.

✛ 생각을 바꾸면 '버럭' 화내지 않는다

매일 스트레스가 쌓이면 좀처럼 평정심을 유지하기 어렵다. 이럴 때는 '긴급책'을 써야 한다! 우리는 '상대방이 틀렸다'라고 생각하기에 욱하거나 화를 내는 경우가 많다. 일단 '틀렸다'라는 생각을 잠시 멈추고, '나와 다르다'라고 되뇌어 보자. '내가 맞다'라는 생각을 불식시키는 것이다. 이렇게 하면 본인조차도 깜짝 놀랄 만큼 마음에 평화가 찾아온다. 비결은 PART 3에 더 자세하게 실었다.

✛ 상종하기 싫은 상대방을 쿨하게 대한다

가령 상대방의 언행이 눈에 거슬리고 화가 나서 '저 사람은 꼴도 보기 싫어!', '짜증 나', '다른 데로 갔으면 좋겠어'라고 느꼈던 적이 있는가? 이럴 때 상대방을 쿨하게 대하거나 현명하게 대처하는 방법이 있다. 자세한 내용은 PART 4를 참고하자.

✛ 소원은 이루어진다

'애인이 있으면 좋겠다', '더 행복해지고 싶다', '부자가 되고 싶다' 등 모든 이가 바라는 꿈을 이룰 수 있는 방법이 있다. 이 책에서 소개하는 '어두운 분노의 감정을 긍정의 에너지로 바꾸는 방법'으로 수많은 사람들이 행복해졌다. PART 5, PART 6에 더 자세하게 설명해 놓았다.

분노로 이성을 잃은 상태에서 벗어나 이를 긍정의 에너지로 바꿀 수 있다면 우리는 누구나 천하무적이 될 수 있다. 이제부터 '화내지 않는 스위치'를 꾹 누르고 행복한 인생을 누리지 않겠는가? 나도 최선을 다해서 당신을 응원하겠다!

모리세 시게토모 森瀬繁智

목차

자신도 모르는 사이에
상처받고 있는 당신에게

진심이 없는 상대에게서 당신을 지켜라!

화가 나지만
화내고 싶지 않은
당신에게

◇◇◇

매일 안절부절 짜증이 나고 화가 난다면?

화를 내면 '사고 정지'의 늪에 빠진다

글쎄, 그 신입 말이에요. 실수를 너무 많이 하는 거 있죠?

끄덕 끄덕

고요. . . .

스읍...

끄덕

저도 화를 내고 싶어서 내는 게 아니라

당신은 화를 내고 싶어서 내는 거예요.

꼬옥

그건 틀린 말이에요.

포... 포치, 그래요...? 자세히 알려줘요!!

알려줘요!!!

화를 내는 것 외에 다른 방법을 몰라서 그런 거죠.

단점이 많다

컨설팅 상담을 하다 보면 절대 빠지지 않고 등장하는 주제가 있다. 바로 직장 내 인간관계나 연인, 가족, 지인 등에 대한 짜증과 불만, 답답함과 같은 분노의 감정에 대한 하소연이다.

예를 들어 회사에 입사한 지 얼마 안 된 부하 직원을 열과 성의를 다해 교육시켰는데 실수를 연발한다면 어떨까? 누구라도 짜증스러운 마음에 싫은 소리 한마디 정도는 하고 싶을 것이다.

이런 일은 집에서도 종종 일어난다.

가령 화를 잘 내는 부모에게 자녀가 "왜 그렇게 화를 내세요?"라고 물으면 아마도 120%의 확률로 "엄마(아빠)가 화를 내고 싶어서 내는 게 아니야!"라고 답할 것이다. 부모의 입장에서 보면 자녀를 훈육하기 위해서 어쩔 수 없이 화를 내는 거라고 말하고 싶은 것이다.

그런데 정말로 그럴까?

아니다. 실제로 '화를 내고 싶어서 내는 게 아니다'라고 말하는 사람 중 십중팔구는 화를 내고 싶어서 내는 것이다. 분노를 표출하는 것 외에 달리 해결책을 몰라서 어쩔 수 없이 화를 내는 것이다.

그런데 화를 내서 문제가 해결된다면 참 좋겠지만 대개 '사고 정지'의 늪에 빠져서 문제 해결에서 점점 멀어지고 만다.

CHECK

- -

🔽 인간은 화를 낼 때 '사고가 정지'된다.

힝~
남자 친구랑
싸웠어요~

흑흑흑

데이트를
망쳐서
속상해~

너무 늦게
오잖아요~
어떻게
그래요?
너무해요!

토닥...

오랜만에
만나는 거라
기대가 컸군요.

포치~~

감정에 휩쓸릴 것
같으면 딱 5초만
쿨 다운하고
속마음을
들여다보면
어떨까요?

일시적인 감정에
휩쓸리지 않는 요령

앞에서 언급했던 '화를 내고 싶어서 화내는 게 아니다'와 비슷한 맥락인데, 우리는 화를 낼 때 "당신이 약속을 안 지켰잖아!", "약속을 깬 네가 나빠!"와 같이 상대방이 원인을 제공했다고 생각한다.

예전에 나 역시 그랬다.

화를 잘 내는 사람은 화나게 만든 상대방을 심하게 비난한다.

"나를 화나게 만든 건 바로 너야!"

"너 때문에 내가 화가 난 거야!"

상대방을 몰아세우고 자신은 나쁘지 않다고 주장한다.

그런데 상대방을 비난하거나 몰아세워도 분노의 감정은 사라지지 않는다. 만일 상대방이 진심을 다해서 사과한다면 조금은 풀릴지 몰라도 실제로 그런 일은 거의 일어나지 않는다. 오히려 상대방의 마음을 자극해서 서로 분노의 감정만 키우는 최악의 상황으로 치닫게 된다.

애초에 인간은 감정의 동물이다.

'분노'란 '기쁨', '슬픔', '즐거움' 등과 같이 인간이 느끼는 '감정'이다. 분노의 감정을 갖는 것은 너무나도 자연스럽고 당연한 일이다.

다양한 감정을 느끼는 것은 우리가 인간임을 증명해주는 증거다.

다만 일시적인 감정에 휩쓸려서 자신의 속마음을 알아채지 못하는 것이 안타까울 뿐이다.

특히 '분노'의 감정에 휩쓸려서 자신이 느꼈을 진짜 속

마음을 알지 못하는 것이 제일 위험하다. 분노는 쓸쓸함, 슬픔, 외로움 등 본래 다른 사람과 소통하고 싶지만 그러지 못하는 아픔에서 비롯된다고 한다.

"당신이 나빠!"

"너무해!"

"그만해!"

상대방을 비난하고 싶을 때 실제로 당신은 어떤 기분이 드는가? 당신이 진심으로 전하고 싶은 감정은 무엇인가? 그런 당신의 마음속 감정으로 눈을 돌리면 분노와 화는 눈 녹듯이 스르륵 사라질 것이다.

그래서 나는 이렇게 제안하고 싶다.

분노와 화가 느껴진다면 마음을 차분하게 가라앉히는 '쿨 다운cool down'의 시간을 가져보자. 더도 말고 덜도 말고 '딱 5초'면 된다. 가능하다면 10초도 좋다. 성공률은 거의 100%다.

분노의 감정이 부글부글 끓어오른다면 '쿨 다운할 시간을 가지면 나아질 거야!'라고 생각해 보자. 감정에 휘둘리

지 말고 자신의 속마음을 들여다볼 수 있다면 세상은 이전
과 달라 보일 것이다.

CHECK

⌄ 화가 난다면 딱 5초만 쿨 다운하자.

◇◇◇

상대방에 따라서
태도가 달라진다

성격이 급한 사람이 있는 것은 사실이다. 하지만 화를 잘 내거나 욱하는 사람이 실제로 성격도 급한 것은 아니다. 화를 내기 전에 '이 사람이라면 화를 내도 괜찮겠다'라고 확인하고 화를 내는 것이다.

아무리 성격이 급한 사람이라도 가게 점원이 영화배우처럼 미남이거나 미인이라면 버럭 화를 내지 않는다. 하물며 상대방이 조폭 두목이라면 어떨까? 중요한 거래처 사장님의 자제라면? 절대로 화내지 않을 것이다.

실제로 가정에서 자녀가 부모를 화나게 했을 때 "왜 엄마(아빠)를 화나게 하는 짓만 골라서 하니!"라며 윽박지르다가도 담임 선생님에게 전화가 오면 곧바로 목소리를 바꿔서 차분하게 전화를 받지 않는가?

우리는 자신이 생각하는 것 이상으로 분노의 감정에 유연하게 대응할 수 있고 상대방에 따라서 분노를 조절할 수 있다.

또한 화내는 방법도 갑자기 버럭 화를 내거나 꾹 참다가 어느 순간 폭발하거나 평소에는 좀처럼 화내는 일이 없다가 일단 화가 나면 통제 불능의 분노의 화신으로 변하는 등 다양한 유형이 있다.

이는 과거에 분노를 통해서 일이 잘 해결되었던 경험이 있어서 그런 유형을 고집하는 것이다.

갑자기 화를 냈을 때 상대방이 자신의 요구를 잘 들어주는 등의 성공 체험을 반복적으로 경험하면서 분노를 표출하는 버릇이나 유형을 스스로 구축한 것이다.

'화를 내면 일이 잘 풀린다'는 '잘못된 학습'에서 당장이라도 벗어나야 한다.

CHECK

⊙ '잘못된 경험 법칙'에서 벗어나자.

웃거나 웃게 만드는 편이
기분 좋다

대부분의 사람들이 '분노나 화를 겉으로 표출하지 않고 마음속에 담아두면 스트레스가 쌓인다'라고 생각한다. 물론 오랫동안 필요 이상으로 분노의 감정을 억누르거나 꾹꾹 담아두면 스트레스가 되기도 한다.

그렇다고 매일 분노의 감정을 작게, 자주 폭발시키는 반복적인 행동이 스트레스 해소에 도움이 될까? 그렇지 않다. 오히려 또 다른 스트레스를 불러올 수 있다.

화를 내서 스트레스가 풀리는 경우는 상대방을 굴복시켰거나 사과를 받아냈을 때뿐이다.

만일 상대방이 당신에게 복수해 온다면 더 큰 분노의 감정을 품게 될 것이다.

또한 그 자리에서 상대방을 굴복시켰다고 하더라도 상대방이 그 일을 마음에 담아두었다가 훗날 원한의 감정을 드러내며 당신에게 되갚으려 할지도 모른다.

《손자병법》을 보면 '백 번 싸워 백 번 이기는 것은 최선 중의 최선이 아니다 百戰百勝 非善之善者也'라는 구절이 있다.

싸움은 반드시 자신은 물론 상대방에게도 상처를 입힌다. 따라서 최선은 싸우지 않고 승패를 정하는 것이다.

나 같은 경우에는 화가 날 것 같으면 일단 다음과 같이 중얼거린다.

'오늘은 이쯤에서….'

'목숨은 건졌네.'

그렇게 '분노'를 '웃음'으로 바꾸고 내 기분부터 챙긴다.

왜냐하면 나는 '인생은 웃거나 웃게 만든 사람이 이긴다. 화를 내는 사람이 지는 것이다'라고 확신하기 때문이다.

'분노와 화를 겉으로 표출해서 스트레스를 푸는 방법'이 있다면 그 화를 상대방에게 풀 것이 아니라 벽이나 허공에 대고 풀자.

가령 노래방에 가서 "재수 없어!", "웃기지 마!" 등 고래 고래 소리를 지르는 것도 좋고, 복싱 샌드백이 있다면 발로 차거나 주먹질을 하는 것도 좋다.

이렇게 하면 화가 날 때마다 스트레스가 쌓이기는커녕 체력을 단련할 수 있어서 건강에도 좋다.

일단 상대방에게 분노를 퍼붓거나 애먼 사람에게 화풀이를 하지 말자. 그렇다고 속으로 삭힐 필요도 없다.

방금 전에 제안했던 방법으로 풀어도 좋고 운동을 하거나 취미를 즐기면서 해소하는 것도 하나의 방법이다.

가장 좋은 방법은 분노의 에너지를 자신의 성장 동력으로 삼는 것이다.

그렇게 하면 결과적으로 상대방을 이길 수 있고 행복과 성공을 손에 넣을 수 있으니 일석이조 아니겠는가?

CHECK
- -

⊙ 화가 나거나 짜증이 난다면 일단 자신의 기분부터 챙기자.

얼마든지 인생을
역전시킬 수 있다

애초에 '분노'나 '화'는 감정이기에 '그런 감정을 느끼지 말라'고 하는 것 자체가 어불성설이다.

맛없는 음식을 먹고 '맛있다'라고 생각하라고 한들 그렇게 할 수 없는 것과 마찬가지다. '분노'와 '화'를 '부엌칼'에 비유하면 좀 더 쉽게 이해할 수 있을 것이다. 부엌칼을 상대방에게 겨누면 무기가 되지만, 음식을 조리하는 데 사용하면 상대방을 행복하게 만드는 도구가 된다. 즉 사용 방법이 중요한 것이다.

분노와 화도 마찬가지다. 불안, 짜증, 답답함 등의 감정 에너지는 잘못 이용하면 인간관계를 망치기도 한다.

반면 잘 이용하면 얼마든지 인생을 긍정적인 방향으로 이끄는 성장 에너지로 삼을 수 있다.

실제로 분노 에너지를 긍정적으로 이용해서 인생을 역전시킨 경우가 적지 않다. 분노 에너지를 많이 비축하고 있는 사람 중에는 정직하고 성실하며 학구열, 승부욕, 정의감이 강하고 행동력 또한 남다른 사람이 많다.

이런 타고난 기질을 긍정적으로 활용하기 위해서라도 자신을 분노 에너지로 망가뜨리지 말고, 인생을 역전시키는 데 이용하길 바란다.

CHECK

⊘ '분노', '화'를 긍정 에너지로 바꾸자!

'피로'가
화를 부른다

◇◇◇

누구라도 쉽게 '화내지 않는 체질'이 될 수 있다!

◇◇◇

누구나 '화내지 않는 체질'이
될 수 있다

20대의 나를 떠올려 보면 화를 잘 내는 편이었고, 매일 안절부절 예민하게 지냈다. 그 결과 세상을 바라보는 시야가 좁았고 주변에 나쁜 일만 일어났다.

일단 무얼 해도 쉽게 지쳤고 매사에 소극적이었다. 툭하면 신경질적으로 화를 내며 싸웠고 극심한 스트레스로 삶이 점차 피폐해졌다. 좋은 일은 단 하나도 없었다.

물론 '화를 내도 괜찮아'라고 하지만 불필요한 분노의 감정은 갖지 않는 편이 좋다.

이렇게 형편없는 삶에서 어떻게 벗어날 수 있었을까?

그에 대한 답이 바로 지금 소개하려는 '화내지 않는 체질'이 되는 것이다.

일단 '화내지 않는 체질'이 되면 분노가 치밀어 올라도 버럭 화내지 않고 짜증도 내지 않는다. 이전보다 쉽게 화를 내지 않게 된다.

본인조차도 믿기 어려울 정도로 마음에 평온이 찾아오고 분노로 잃어버렸던 배려심이나 통찰력이 되살아나서 보다 큰 행복과 성공을 누릴 수 있다. 스트레스로 폭식을 하거나 충동구매로 낭비하는 나쁜 행동도 사라진다.

즉 '화내지 않는 체질'이란 '행복 체질'이자 '성공 체질'이라고 할 수 있다.

숙면의 장점은 많다

원래 분노가 치밀어 오르는 것은 수면, 운동, 영양,

공부, 이 '네 가지 요소'가 부족하기 때문이다(출처《부자 스위치 누를까? お金持ちスイッチ、押しちゃう?》).

네 가지 요소 중에서도 '수면 부족'이 가장 큰 원인이자 문제다. 수면 부족이 지속되면 사람은 체력이 떨어지고 몸과 마음이 제 기능을 다하지 못해서 사고가 정지되고 만다. 불안하고 짜증 나는 악순환이 생기는 것이다.

실제로 고객 중에 이런 사람들이 꽤 많은데, 이들에게 제안하는 조언(컨설팅)은 너무나도 간단하다. 푹 자라고 권한다. 수면 부족을 개선하는 것만으로도 금세 좋은 결과가 나타나기 때문이다.

대부분 '잠을 충분히 잤더니 아침부터 머리가 상쾌해서 무척 효율적으로 일하게 되었다'라는 피드백을 들려준다. 그다음으로 많이 받는 피드백이 '인간관계가 나아졌다는 것'이다.

안절부절못하고 예민하게 굴었던 행동이 사라지고 주변 사람에게 친절하고 상냥하게 대했더니 인간관계가 무척 좋아졌다는 것이다. 동료에게 "요즘 예뻐졌네요!", "피부가 어쩜 그렇게 좋아졌어요?"라는 말까지 들었다는 피드백도 많았다.

'수면 부족은 미용의 적'이니 개선되면 예뻐지는 것은 덤인 셈이다.

수면 부족이 위험한 이유

수면이 부족하면 인간의 뇌는 사고가 정지되고 '이상한 일'을 '당연한 일'이라고 받아들인다. 이것이 바로 수면 부족이 위험한 이유다.

나도 실제로 경험한 적이 있다. 대학교를 졸업하고 입사한 회사에서 불합리한 일을 당하면서도 '어쩔 수 없지', '세상일이 다 그런 거지 뭐⋯'라고 여겼고 거부할 생각조차 못했다.

입사하자마자 바로 회사 기숙사에서 지냈기에 근무 시간은 물론 퇴근한 후에도 선배에게 업무 지시를 받는 등 만성적인 수면 부족에 시달렸다.

실제로 잠을 못 자게 고문해서 사고 정지에 빠뜨려 뭔가를 세뇌시키거나 자백을 강요하는 수법은 옛날부터 사용된 악습이기도 하다.

그만큼 수면 부족은 매우 위험하고 무섭다. 최근 영적인 힘이 넘치고 좋은 기운을 받을 수 있는 '파워 스폿'이 인기를 끌고 있는데, 내가 생각하는 이 세상에서 가장 좋은 파워 스폿은 자신의 침실이 아닐까 싶다. 숙면이 얼마나 중요한지 잊지 않았으면 좋겠다.

CHECK

- ⌄ 숙면을 취하는 사람은 두뇌 회전이 좋고
  일을 잘하게 된다!

최고의 능률은 아침에 발휘된다

성공한 사람의 이야기를 들어보면 대부분 아침 시간에 주요 업무를 집중적으로 처리한다고 한다. 그 이유는, 인간의 뇌는 눈을 뜬 후부터 2~3시간 사이에 최고의 능률을 발휘하기 때문에 그 시간에 집중하면 다른 시간에 처리하는 것보다 몇 배나 더 많은 일을 효율적으로 처리할 수 있다고 한다.

오전 업무만으로도 실질적으로 8~10시간 분량의 업무를 처리할 수 있는 것이다. 아침에 집중해서 일하면 보다 높은 성과를 낼 수 있다는 사실을 증명하는 사례로 이런

것도 있다. 《아침에 듣는 말朝にキク言葉, Good morning words》을 읽어보면 도쿄 상공 리서치 조사에서 회사 대표가 아침 7시에 출근하는 회사 중에 도산한 회사는 없다고 소개하고 있다. 대단하지 않은가?

그래서 나는 상담을 진행할 때 고객에게 수면과 아침 시간을 유용하게 활용하는 것이 얼마나 중요한지 빠뜨리지 않고 언급한다. 그러면 그렇게 할 수 없는 핑계를 대는 고객이 꼭 있다. 애초에 효율적으로 일을 하지 않으니 일에 휘둘리는 것이고 야근을 하면 할수록 업무의 질은 반드시 떨어지기 마련이다.

만일 회사 사정으로 늦어지는 경우라면 상사에게 "저는 저의 건강과 가족을 소중하게 생각합니다. 늦어도 저녁 6시까지는 모든 업무를 마치고 싶은데요. 일을 빨리 마무리할 수 있는 방법이 있을까요?"라고 면담하고, 회사와 함께 개선책을 검토해 보자.

중요한 것은 '지금 자신에게 가장 소중한 것이 무엇'이고 '소중한 것을 위해서 무엇을 먼저 할지 우선순위를 정하는 일'이다.

일단 소중한 것이 우선이고 그것을 위해서 돈이 필요하다면 돈을 버는 방법으로 회사를 선택하거나 독립하거나 부업을 시작하면 된다.

우리는 자신이 생각하는 것 이상으로 자유롭고 무한한 가능성을 지니고 있다.

가장 큰 장애물은 자신의 고정관념이나 선입견이다.

그러므로 항상 숙면을 취하고 상쾌한 머리로 '지금의 나에게 무엇이 필요한지'를 신중하게 생각하고 우선순위를 정한 후에 행동하자.

CHECK

◉ 아침형 인간이 되면 자기만의 시간이 생긴다!

간단한 운동의 엄청난 효과는?

'분노와 화를 초래하는 네 가지 요소' 중에서 다음으로 소개할 것이 바로 '운동 부족'이다.

적당한 운동은 건강에 좋을 뿐만 아니라 기분 전환에도 도움이 된다.

또한 운동을 하면 뇌 내 신경 전달 물질 중 하나인 세로토닌이 분비된다. 세로토닌은 '행복 호르몬'이라는 별칭이 있을 정도로 스트레스 완화와 불안 해소는 물론 업무 향상심까지 높여주어 행복을 더 잘 느낄 수 있도록 한다. 이런 의미에서 '화내지 않는 호르몬'이라고도 부를 수 있겠다.

컨설팅 상담을 받으러 오는 고객 중에 의기소침하거나 우울한 사람이 있으면 반드시 운동을 하라고 권한다. 효과가 즉각적으로 나타나기 때문이다.

멀리 나갈 필요 없이 집 근처를 한 바퀴 도는 등 가벼운 산책만으로도 기분 전환 겸 운동이 가능하다. 특히 국민 체조를 적극 추천하는 편이다. 간혹 '국민 체조요?'라고 되묻는 고객이 있는데 국민 체조를 정확한 자세로 열심히 따라 하면 땀도 꽤 나고 운동량도 상당하다.

일상생활에서도 출퇴근길에 한 정거장 정도 먼저 내려서 걷거나 승강기를 사용하지 않고 계단을 오르는 등 얼마든지 운동할 수 있다.

한때 사정상 호텔에서 생활한 적이 있었다. 도심 내 고급 호텔의 피트니스 센터는 어디든 이른 아침 시간대에 가장 붐빈다. 대개 아침 6시 반부터 7시 반 사이이다. 그래서 나는 사람들이 운동을 마치고 샤워한 후에 천천히 신문을 보면서 아침 식사를 하는 7시 반부터 8시 정도에 가서 운동을 했다.

'아침부터 운동이라니 피곤하다'라고 생각할 수도 있는데 오히려 정반대다. 적당한 운동은 혈액 순환을 개선하고 교감 신경을 활성화해서 우리 몸이 최고의 능력을 발휘할 수 있게 만들어준다.

운동은 한자로 '運動'이라고 쓴다. '운을 옮겨준다'라고 뜻풀이할 수 있다. 아침에 일찍 일어나서 업무를 시작하기 전에 운동 시간을 확보하면 최상의 컨디션을 만들고, 자신에게 행운을 불러올 수 있다고 생각하면 이보다 더 좋은 일이 어디 있겠는가?

CHECK

✅ 산책이나 가벼운 운동을 시작하자.

균형 있는 식사로 완벽함을 추구하자

다음으로 소개할 '분노와 화를 초래하는 네 가지 요소'는 '영양 부족'이다. 어린아이를 살펴보면 이해하기 쉬운데, 배가 고프면 아이들은 신경질을 내거나 울거나 보챈다. 이는 영양이 부족한 상태가 되면 불쾌함을 느끼기 때문이다.

'영양 부족'을 해소하려면 일단 '질'과 '양'의 두 가지 측면을 모두 고려해야 한다. '질'은 자연의 신선한 것이 좋다.

인공 감미료나 합성 보존료를 많이 가미한 식품은 가급

적 피하고 제철 음식이나 지역 특산물을 섭취하는 것이 바람직하다. 영양 균형도 중요하므로 채소를 충분히 섭취하고 단백질의 경우 대개 동물성 단백질로 치우치기 쉬운데 식물성 단백질도 적극적으로 섭취한다.

당질이나 탄수화물은 자칫하면 적당량을 넘어서 과식으로 이어질 수 있으니 주의해야 하지만 극단적인 제한은 좋지 않으니 유의하자. 특히 단 음식은 뇌 에너지로 쓰여서 두뇌 회전을 좋게 하므로 적절한 양과 타이밍을 고려해서 섭취하도록 한다.

일반적으로 기름기가 많은 음식은 나이가 들면 꺼리게 되는데 이 역시 우리에게 반드시 필요한 영양소이므로 양질의 올리브유나 참기름, 아마씨유 등을 조리할 때 사용하길 적극 추천한다.

또한 고기만 먹는 것도 문제지만 전혀 먹지 않는 것도 문제가 될 수 있다. 실제로 얼굴에 생기도 없고 패기도 없고 심지어 기어들어가는 목소리로 말하는 고객에게 혹시나 해서 물어보면 대다수가 고기를 먹지 않는다고 답한다.

이런 고객에게는 불고기나 스테이크를 먹으라고 권하는데 대부분 고기를 먹었더니 '힘이 났다', '의욕이 생겼다' 등 즉각적인 효과가 나타났다.

어느 연구 조사에 따르면 장수한 노인의 식생활을 살펴 봤더니 대체로 고기를 잘 먹었다고 한다. 역시 고기는 힘의 원천이다.

'양'과 관련해서는 예부터 '복팔분腹八分'이라고 해서 위의 80%만 채우고 숟가락을 놓는 식습관이 좋다고 알려져 왔다. 그런데 상황에 따라서 매 끼니마다 배부름을 느끼는 양이 다를 수 있으므로 자신의 체중을 고려해서 적정량을 습관화하는 것이 제일 좋은 방법이 아닐까?

일반적으로 '하루 세 끼를 균형 있게 섭취하라'고 하는데 개인의 생활 습관에 따라서 끼니의 수는 각자 알아서 정하는 것이 좋다고 생각한다. 참고로 나는 아침에 커피와 스무디 등을 가볍게 마시고, 점심에는 세미나 중간에 나눠 주는 비즈니스 도시락을 양껏 먹고, 저녁에는 술안주를 시키면 나오는 정도의 양만 간단하게 먹는다.

우리 몸은 영양이 부족하면 반드시 신체 어딘가에서 이상 신호를 보낸다. 이런 의미에서 쉽게 알아차릴 수 있으므로 이를 잘 살피고 자신의 체형과 체질, 생활 습관에 맞게 영양적으로 균형 잡힌 식습관을 유지하는 것이 가장 중요하다.

사람마다 취향이 다르니 자신이 좋아하는 음식으로 영양을 고려해서 균형 있게 섭취하도록 하자. 만일 과일이나 채소가 싫다면 갈아서 주스나 스무디 형태로 섭취하고 소고기가 싫다면 닭고기나 돼지고기를 대신해서 섭취하는 등 조리 방법이나 재료의 종류를 바꾸는 것만으로도 음식의 맛은 크게 달라진다. 영양 부족은 자신이 맛있다고 느낀 음식을 '양'과 '질'을 고려해서 균형 있게, 즐겁게 섭취하면 해결할 수 있다.

CHECK

⊙ 편식과 과식을 삼가고 양질의 음식을
   적당량 섭취하자.

6분이면 스트레스도 줄일 수 있다

'분노와 화를 초래하는 네 가지 요소' 중에서 마지막으로 소개할 것이 '공부 부족'이다. 공부는 틈새 시간만 있으면 누구나 할 수 있다.

영국의 서식스 대학교University of Sussex 연구 팀에 따르면 '6분 독서'는 현대인의 스트레스를 68%나 경감하는 효과가 있다고 한다.

고작 6분으로 이런 효과를 얻을 수 있다니 놀랍지 않은가? 출퇴근길이나 이동 시간, 틈새 시간을 적극적으로 활용한다면 상당한 효과를 얻을 수 있다.

자신에게 필요 없는 것을 공부하는 시간은 지루하지만 자신에게 필요한 것을 공부하는 시간은 즐겁고 심지어 좋은 결과까지 얻을 수 있다.

학창 시절과 달리 어른이 되어서 하는 공부는 열심히 하면 그만큼 수입으로 직결된다. 이렇게 좋은데 안 할 이유가 어디 있을까?

CHECK
- -

⊘ 사회로 나와서 하는 공부는 재미있고 게다가 돈도 벌 수 있다!

'생각 버릇', '말버릇'을 점검하자

◇◇◇

'버럭 화내는 것'을 멈출 수 있다!

무슨 일만 생기면 버럭 화내는 사람이 있습니까?

네~~~

그렇다면 '화내지 않는 스위치'를 추천합니다.

짜 — 잔

화내지 않는

이걸 누르면 마음이 평온해지고 일이 잘 풀리는 방법을 찾을 수 있답니다.

앞으로 제가 이 스위치를 누르는 방법을 설명해 드릴게요!

호호호

저한테만 있어요~

의심쩍지만 궁금하군….

'화내지 않는 스위치'를 활용하자

앞으로 소개할 것은 '버럭 화내는 것'을 멈추는 방법이다. 무슨 일이 생기면 참지 못하고 버럭 화를 내는 경우는 사고가 정지되어 있을 때다. 나중에 마음을 차분히 가라앉히고 냉정하게 생각해 보면 '너무 심했나?', '또 저지르고 말았군…' 하며 후회하거나 창피해서 얼굴이 화끈거리기도 한다.

이번 장에서는 버럭 화내지 않고 화를 받아들이는 방법과 사고방식, 말버릇, 즉 '화내지 않는 스위치'에 대해서 자세하게 소개하고자 한다.

불안과 짜증, 분노로 충만했던 20대의 혈기 왕성했던 내가 이성을 되찾고 마음의 평화를 누리며 차분하게 '행복한 부자'로 거듭날 수 있었던 것도 사실 이 덕분이다.

불안과 짜증, 분노 등의 감정을 주체하지 못하고 먹는 걸로 해소하려고 할 때에도 가능한, 간단하지만 효과적인 방법이니 안심하고 믿고 따라와 주길 바란다. 그럼 바로 소개하도록 하겠다.

CHECK

☑ 기분 전환을 하는 데는 요령이 있다.

상대방을 부정하지 않는 화법이 있다

직장은 물론 사적인 자리에서도 상대방과 의견이나 가치관, 사고방식이 달라서 '언쟁'이 벌어지는 경우가 종종 있다.

며칠 전에도 어떤 고객이 애인과 말다툼을 했고 그 이후로 대화는커녕 전화 한 통도 하지 않는다며 상담을 하러 온 적이 있었다.

나는 무슨 일이 있었냐며 다툰 원인을 물었다.

"얼마 전에 남자 친구랑 도심에 있는 유명한 절浅草寺에

같이 갔어요. 그때 남자 친구가 '신사는 오른쪽으로 돌아서 참배하는 거야'라고 말하기에 제가 '아니야. 신사는 왼쪽이야'라고 말했죠. 그랬더니 남자 친구가 아니라면서 자기 의견을 굽히지 않는 거예요. 그래서 저도 굽히지 않았죠. 결국 둘이서 오른쪽이다, 왼쪽이다 옥신각신하다가 크게 다투고 말았어요."

고객의 이야기를 듣고 나는 이렇게 조언했다.

"실제로 참배할 때 오른쪽, 왼쪽이 정해져 있는 건 사실입니다. 그런데 서로 어느 쪽인지 다툴 만큼 궁금하거나 신경이 쓰였다면 신관에게 물어보지 그러셨어요? 그랬으면 좋았을 텐데요. 그리고 한 가지 알려드릴 게 있는데요. 원래 센소지는 '신사'가 아니라 '절'이랍니다. 미리 알고 계셨더라면 '신사' 참배 방법으로 애인과 싸울 필요는 없으셨을 것 같은데요."

내 조언을 듣자 고객은 "아, 그래요…?"라며 당황하다가 갑자기 폭소하고 말았다. 그리고 곧바로 애인에게 전화를 걸었고 둘은 크게 웃으며 화해했다.

　'십인십색+人+色'이라는 사자성어가 있다. 사람들은 저마다 자기만의 생각이 있고 이는 당연한 일이기에 이 세상은 다양한 것이 서로 어우러져 지속적으로 발전해 나갈 수 있다.

　'자신이 옳다'라며 자기 뜻을 굽히지 않으면 반드시 화를 초래하거나 다툼이 일어난다. 그렇다고 '나는 틀리다'라는 생각은 '자기 부정', '자기 상실'로 치달을 수 있으니 이 또한 바람직하지 않다.

　그렇다면 상대방과 가치관이나 사고방식, 의견 등이 다를 때 어떻게 하면 화내지 않고 상대방을 인정하면서 자신도 인정받을 수 있을까? 간단하다. 이렇게 말하면 된다.

　"그렇군요. 당신은 그렇게 생각했군요."

　이 말은 상대방을 부정하지도 긍정하지도 않는다.

　상대방의 말을 인정할 뿐이다.

　인간은 누구나 무의식적으로 '상대방에게 지고 싶지 않

다' 또는 '상대방보다 우위에 서고 싶다'라고 생각하고 자기 마음대로 벽을 치기도 하고, 사람에 따라서는 자신의 우위성을 과시하려는 태도를 보이기도 한다.

그러나 진정한 의미에서 상대방과 대등해지려면 상대방에게 명확하게 경의를 표하고 인정하는 것이 상책이다.

CHECK

✅ 자신의 옳음을 주장하지 않는다.

'ㅌ'을 'ㄷ'으로 바꾸는 것만으로
변화가 찾아온다

옛말에 '아 다르고 어 다르다'라는 말이 있다. 점 하나 차이로 서로 오해하거나 화가 나서 다툼으로 번지는 일이 종종 생기기도 한다. 그 예가 바로 '틀리다'와 '다르다'이다.

사람은 서로 다르다. 성별이 다르고 태어나고 자란 환경이 다르다. 이렇게 다르면 사고방식이나 행동 양식도 당연히 달라진다.

서로 다른 것은 나쁜 것이 아니다.

그래서 '그 사람은 다르다'로 다툼이나 소동은 일어나지 않는다.

그런데 '다르다'가 '틀리다'가 되면 어떻게 될까?

'그 사람은 틀리다'가 되면 상대방을 고치고 바꾸고 싶고, 상대방이 바뀌지 않으면 화가 나서 결국 다툼으로 번지고 만다.

내가 '옳다'라고 생각한 것을 누군가가 '틀리다'라고 말하면 당연히 화가 나고 속상하지 않은가?

그런데 이를 '다르다'라고 바라보면 상대방의 방식도 나름 옳다는 것을 이해할 수 있고 이내 화는 사그라진다. 또한 서로가 '다르다'는 것을 이해할 수 있으면 서로 보듬을 수 있고 둘 사이에 따뜻한 사랑의 감정도 싹튼다.

서로의 다름을 인정하고 존중한다면 이 세상에서 다툼과 분쟁은 사라질 것이다. 세계 평화로 나아가는 첫걸음으로 '틀린 것을 고친다'가 아니라 '서로의 다름을 인정하고 이해하자'로 시작해 보는 것은 어떨까? 일단 이것부터 시작해 보자!

CHECK
- -

🔽 '다르다'라고 바라보는 것만으로 OK!

상대방이 '좋아하는 것'을 우선하자

내 일은 간단하게 설명하면 '행복한 부자를 늘리는 것'이다. 성공해서 큰돈을 버는 부자가 아니라 행복한 부자다. 행복하지 않으면 아무런 의미가 없기 때문이다.

그래서일까? 세미나에 참석한 대다수의 사람들이 '소중한 사람과의 관계가 무척 좋아졌다'라는 피드백을 들려주곤 한다.

이제까지 나는 '이혼 위기에 처한 부부'를 셀 수 없을 만큼 많이 구제해 왔다. 그중에는 한 달에 한 번꼴로 부부 싸움을 자주 했는데 매번 서로를 향한 격한 욕설이 이웃집에

생중계되어서 시끄럽다는 민원까지 받았던 위기의 부부도 있었다.

서로 못 잡아먹어서 안달이었던 부부가 어떻게 다시금 깨가 쏟아지는 사이로 달라질 수 있었을까? 바로 자신의 마음속에 자리한 진심을 깨달았기 때문이다. 나는 그저 옆에서 살짝 도움만 줄 뿐이다.

아내 혹은 남편에게 '남편(아내)이 좋아하는 시간과 좋아하는 음식, 좋아하는 곳을 확인해 보세요. 그리고 남편(아내)이 좋아하는 일을 하고 있을 때 대화를 나누면 다툼이 생기지 않을 겁니다'라고 조언만 한다.

간단하고 사소한 요령을 알려줬을 뿐인데 사람들은 마치 뒤통수라도 세게 얻어맞은 것처럼 화들짝 놀라곤 한다. 왜냐하면 지금까지 남편 혹은 아내가 하필이면 기분이 나쁠 때 대화를 나눴던 사실을 뒤늦게 깨닫기 때문이다. 이렇게 깨달은 후에 부부 관계는 극적으로 호전된다.

'사이가 좋을수록 싸운다'라는 말처럼 부부 사이가 이미 얼음장처럼 사늘하게 식은 후라면 싸움조차 하지 않는다.

하지만 상대방의 '소중한 것'을 함께 소중히 여기고 '진심으로 어떤 관계를 구축하고 싶은지'에 대해서 솔직하게 말하면 서로의 관계는 놀랄 만큼 긍정적인 방향으로 개선된다.

부부 관계가 개선되면 그에 부응하듯이 업무 성과도 매출도 향상된다.

여성의 경우 특히 그런 경향이 현저하게 나타난다. '사랑하는 사람을 위해서'라는 사랑의 힘에 눈을 뜬 여성만큼 강한 존재는 없다.

CHECK

- -

🔽 중요한 이야기는 상대방에게 여유가 있을 때 나누자.

'나라면 이렇게 하겠다'라는 화법은 OK

고객에게 이런 질문을 받을 때가 있다.

"모게 씨는 세미나나 상담 도중에 사람들에게 '이건 꼭 해보세요'라든가 '이렇게 해보세요'라든가 명령하거나 강요하지 않으시던데요. 혹시 그러시는 이유가 있습니까?"

실제로 컨설턴트나 '선생'이라고 불리는 사람들 중 대다수가 걸핏하면 '이렇게 해보세요!', '그렇게 하세요!'라고 말하곤 한다.

내가 그렇게 하지 않는 이유는 단순하다. 내가 '옳다'고 생각하지 않기 때문이다.

경험상 '이렇게 했더니 잘된 것'만 말하고 만일 상대방이 조언을 구하면 '나라면 이렇게 하겠다'라고 답한다.

다른 사람의 의견이나 조언을 받아들일지 말지는 상대방의 선택이고, 사람에 따라서는 각자의 역할도 삶의 방식도 다르니까.

자기 딴에는 기껏 생각해서 "이렇게 해봐라", "저렇게 해봐라"고 조언했는데 상대방이 자신의 조언대로 따르지 않으면 속상하기도 하고 화가 날 수도 있다.

애초에 나는 이를 잘 알기에 처음부터 강요하거나 명령하지 않는다.

다만 입장에 따라서 상대방에게 업무를 지시하거나 명령해야 하는 사람도 있을 것이다. 직장뿐만 아니라 학교나 마을 모임에서도 그렇고 심지어 가정에서도 가족에게 부탁하거나 지시해야 하는 경우가 있다.

이때 중요한 것은 상대방이 자신의 말을 따르지 않더라도 일단 '나는 옳다', '나는 틀리지 않다'라는 생각을 버려야 한다는 것이다.

분노는 물론 다툼이나 언쟁 등은 대개 '나는 옳고 틀리지 않다'라는 생각에서 비롯된다. 당신이 '정의'를 꺼내들면 반드시 상대방은 '악'으로 치닫게 되므로 주의하자.

CHECK

- -

🔽 자신의 의견을 강요하지 않으면 분노의 감정은
잘 생기지 않는다.

6

화내는 상대방을 웃음으로 무찌르자

부장님이
또 한 소리
하시잖아요!
짜증 나요!

기분을
전환하는
기술이 있어요.
바로 '별명'
테크닉!

그게
뭐죠?

좋네요~
재미
있겠어요!

대하기
어려운 사람을
'재미있는
별명'으로
불러서
웃어넘기는
거예요.

척척박사님이
또 한 소리
하잖아.
짜증 나!

푹

흐흐흐~

'별명 효과'란?

금세 화를 내는 사람이나 항상 어딘지 모르게 심기가 불편해 보이는 사람을 바꾸기란 사실상 어려운 일이다. 주변에 이런 사람이 있다면 되도록 가까이 다가가지 말고 거리를 두는 것이 현명한 방법이다.

그런데 업무상 피할 수 없는 경우라면 어떻게 해야 할까? 이런 경우에 추천하는 좋은 방법이 있다. 바로 '웃음으로 바꾼다'이다.

가령 버럭 화를 잘 내거나 늘 심기가 불편한 상사가 있다고 하자. 그런 상사에게 '척척박사'라는 별명을 붙이는 것이다. 물론 본인에게는 비밀이다.

그리고 심기가 불편한 상사 '척척박사'에게 잔소리를 듣거나 지적을 당하면, "척척박사가 오늘 또 뭐라고 하는지 도통 알아들을 수가 있어야지. 잘난 척하기 전에 언어 실력이나 좀 기르고 나서 상사가 되든가 라고 말해주고 싶은 걸 겨우 참았지 뭐야~"라며 친구들에게 하소연을 하는 것이다.

이렇게 하면 상사에 대한 불만이나 하소연보다 '척척박사'라는 별명이 웃기고 강렬해서 듣고 있던 친구들은 '풉' 하고 웃음을 터뜨리고 말 것이다.

그러면 대화 분위기도 우울해지지 않고 상처받는 사람도 없고 속이 시원해지지 않을까?

인간관계에서 분노를 분노로 되받아치거나 복수하는 것이 가장 나쁜 소통 방식이다. 상대방에게 잘못이 있더라도 분노의 화살이 향하는 그 끝은 깊은 상처를 남긴다.

그보다 자그마한 '웃음'으로 바꿀 수 있다면, 당신은 '분노'라는 감정을 이긴 것이다.

성난 얼굴보다 웃는 얼굴이 훨씬 더 매력적인 것은 두말할 필요도 없을 것이다.

CHECK

⊙ 화를 내는 상대방에게 재미난 '별명'을 붙여 보자.

7

마음이 넉넉한 사람은 생각도 넉넉하다

자고로 부자는 싸우지 않아요.

마음이 넉넉한 사람은 짜증 내지 않고 좋은 일을 하고 싶어 하지요.

무슨 말이죠?

'인과응보'라는 사자성어가 있어요.

남에게 한 일이 결국 자신에게 되돌아온다는 뜻이지요.

깊은 뜻이 있었네요.

개에게도요.

호오...

부자는 자신에게
'싸우지 않는다'라고 타이른다

고객 불만이 발생했을 때 어떻게 대처하느냐에 따라서 그 회사(브랜드, 상점 등)의 진가가 드러난다. 좋은 회사일수록 그 진가가 더욱 확연히 드러나게 된다. 그중 고객 불만에 대처할 때 회사의 서비스 정신을 고객에게 명확하게 전달할 수 있는 기회이자, 반대로 고객의 진의와 진가를 가늠해 볼 수 있는 기회이기도 하다.

무슨 뜻인가 하면 불만을 핑계로 과도한 서비스를 요구

하는 고객이 있기 때문이다. 이런 유형의 고객은 상대하지 않는 편이 상책이다. 고객을 화나게 만들 필요도 없지만 VIP 고객이 되어줄 재목도 아니므로 상대하지 않는 것이 낫다.

고급 매장일수록 '버럭 화를 내는 고객은 가치가 없다'라는 것을 잘 알기에 상대하지 않는다.

'부자는 싸우지 않는다'라는 말처럼, 부유한 사람은 상대방을 멸시하거나 필요 이상으로 몰아세우거나 비난하지 않는다. 무엇보다 우리가 사는 세상은 어떤 의미에서 '인과응보'다.

자신이 남에게 베푼 것은 결과적으로 자신에게 반드시 돌아온다.

행복해지고 싶다면 일단 자신이 먼저 타인에게 행복을 나누자. 부유해지고 싶다면 일단 자신이 먼저 타인에게 베풀자.

다만 행복도 금전적인 부유함도 자신의 분수에 넘치는

만큼은 돌아오지 않는다. 설령 돌아온다고 해도 자신의 분
수에 넘치는 양은 받아들이지 못한다.

- -

🔽 부자는 '인과응보'를 숙지하고 행동한다.

하아…

왜 저런 놈이랑
사귀었을까…!

목욕하는
부처님

이것 좀
보세요.

품
(웃음)

그러니
웃어
봐요~?

그런 사람을
생각하는
시간은 단
1초라도
아까워요.

네,
맞아요~

그렇죠?

고마워요, 포치!
즐거운 일을
생각하는 편이
행복하군요.

싫은 사람에게 쓰는 시간은 아깝다

종종 주변 사람에게 "모게 씨는 남의 험담을 거의 하지 않는군요!"라는 말을 듣는다.

별로 의식하지 않았는데 듣고 보니 그렇다.

타인에 대한 험담, 소위 말하는 뒷담화는 싫어하는 사람을 떠올리는 행동이다. 냉정하게 말해서 이런 행동은 매우 비효율적이고 자신의 소중한 시간을 낭비하는 것인데 아깝지 않은가?

일은 하기 싫어도 완수하면 돈이라도 받을 수 있지만 싫은 사람은 머리 아프게 생각해 봤자 돈은커녕 아무것도 나오지 않는다.

실제로 '그 사람만 생각하면 분해서 잠이 안 온다'라며 자신의 소중한 시간을 낭비할 때 상대방은 오히려 새근새근 잠만 잘 자고 있을지도 모른다.

'화가 머리끝까지 나서 밥알조차 목구멍으로 잘 안 넘어간다'라며 자신의 소중한 시간을 낭비할 때, 상대방은 맛있는 음식을 기분 좋게 먹고 있을지도 모른다.

그야말로 상대방이 원하는 대로 놀아나는 꼴이 된 것이다.

우리가 살면서 상대하기 싫은 사람과 만나는 것은 '길가에 싸놓은 똥'을 발견하는 것과 같다고 할 수 있다.

산책을 나갔다가 길가에 누가 싸놓은 똥을 우연히 발견했는데 집에 돌아와서도 '그런 고약한 냄새가 나다니!', '누가 그런 짓을 한 거야?', '아마도 이런 모양이었지?'라며 곱씹으며 계속 떠올린다면? 그리고 화를 낸다면? 시간 낭비에 의미 없는 일일 것이다.

다시 떠올렸을 때 '누군가 길가에 싸놓은 똥' 같은 불쾌한 것은 바로 잊어버리고, 길가에 핀 꽃을 생각하거나 계절의 변화를 느끼는 것이 훨씬 더 행복하지 않을까?

이렇게 하면 소중한 사람을 행복하게 할 수 있고 자신도 더 행복해질 수 있다.

CHECK

☑ 사고의 전환으로 소중한 일에 시간을 쓰자.

자신도 모르는 사이에
상처받고 있는
당신에게

◇◇◇

진심이 없는 상대에게서 당신을 지켜라!

쓰윽

화를 내도 좋아요.
하지만 직접 퍼붓지
말아야 해요.
어떻게 하면
좋을지, 그것이
문제죠.

저요.

화를 참으면
오히려
스트레스가
돼요.

맞습니다!

그래서
화가 날 때
대처법을
정해두는
것이
중요하죠.

대처법을
정해두면
감정에 휘둘리지
않고 현명하게
넘길 수 있어요.

• 악의가 있는 사람을 만났다면?
• 크게 상처를 입었다면?
• 숨 막히는 인간관계로
　　　　곤란하다면?
• 심하게 잔소리하는 버릇을
　　　　고치려면?

감정을 퍼부어 봤자 상처만 남는다

'화가 날 때'란 슬프다, 외롭다, 힘들다, 괴롭다 등의 감정에 뚜껑을 덮고 외면하고 있을 때라고 한다.

예를 들어 친구나 동료가 약속을 깨서 화가 났을 때, '나를 소중히 여기지 않는다'라는 서운한 감정을 직시하기 어려워 화를 내는 행위를 선택했을 가능성이 높은 것이다.

당신은 화나 분노가 치밀어 오를 때 어떤가? 마음속으로 슬프지 않은가? 외롭지 않은가? 힘들고 괴로운 감정을 무리해서 꾹 누르고 참고 삭이려고 하지 않는가? 이런 감정에 뚜껑을 덮고 외면한 채 상대방에게 분노를 퍼부으면 서로 간의 마음의 거리만 점점 더 멀어질 뿐이다.

요즘은 소셜 네트워크SNS의 보급으로 이해관계와 상관 없이 얼굴이 보이지 않는 상대방에게 발언할 기회가 많이 늘었다.

상대방의 발언에 욱해서 똑같이 되받아치거나 꾹 참고 상대방의 말을 듣기만 하면 불이익을 당할 뿐만 아니라 당신의 마음속 상처만 더욱 깊어질 수도 있다.

이런 의미에서 우리는 평소에 의식적으로 자신을 지켜야 한다.

이번 장에서는 '악의를 가진 상대방의 공격을 되받아치고 싶다', '크게 상처를 받았다면 어떻게 대처해야 할까?', '답답하고 힘든 인간관계에서 벗어나려면?' 등 곤란한 상황에서 자신을 지키는 방법과 요령에 대해 소개한다.

CHECK

- -

⊘ 자신을 지키는 대처법을 알아두자.

103

제대로 상대하지 않는다

앞에서 '화내지 않는다'라는 선택을 할 수 있다고 언급했다.

그런데 화를 내지 않는 것만으로는 마음속에 남겨진 '소화가 덜 된 분노의 불씨'가 언제든 다시금 피어오를 수도 있다.

그래서 그냥 화를 내지 않는 것이 아니라 어떤 행동을 더해서 자신의 마음속에 남겨진 '소화가 덜 된 분노의 불씨'와 '답답한 마음'을 없애는 것이 중요하다.

주변을 둘러보면 조목조목 따지며 잔소리를 하거나 남의 발목을 잡고 늘어지거나 남의 불행을 떠벌리기 좋아하는 사람이 있다. 이런 유형의 사람들은 자신보다 잘 되는 사람이나 행복해 보이는 사람들을 찾아서 공격하는 경향이 짙다.

이는 자신의 처지에 대한 분노와 불만의 감정을 성공한 사람이나 행복한 사람을 조준해서 터뜨리고 자신의 우울한 감정을 해소하려는 것이다.

교묘하게 괴롭히는 직장 상사나 동료, 자신과 경쟁하려는 지인, 시기 질투하는 동네 엄마들, 친척 또는 SNS상의 익명자 등. 차마 겉으로 화를 낼 수는 없지만 울컥 분노가 치미는 상황이 생기고 매일 조금씩 그렇게 쌓인 분노의 감정이 폭발할 것 같을 때 어떻게 하면 좋을까?

그럴 때는 멋진 '투우사'가 되자!

붉은색 천을 멋지게 휘날리며 거친 투우를 자유자재로 통제하는 투우사 말이다.

자신을 괴롭히는 상대방을 투우라고 생각하고 투우사처

럼 멋지게 넘기는 것이다.

통쾌한 말솜씨로 유명한 일본의 스기무라 다이조杉村太蔵 전 중의원은 그야말로 '명 투우사'다.

"왜 정치인은 하나같이 당신처럼 바보 같은 사람밖에 없느냐"라는 비난에 그는 이렇게 말했다.

"그건 당신처럼 훌륭하고 멋진 분이 입후보를 하지 않아서랍니다."

이런 말을 들으면 상대방도 그리 기분이 나쁘지는 않을 것이다.

이처럼 상대방의 분노를 투우사처럼 통쾌하게 넘길 수 있으면 상처받지 않고 상대방에게 '나는 당신과 격이 다르다'는 것을 보여줄 수 있다. 일거양득인 셈이다.

말도 안 되는 불만이나 불평을 제시하는 고객이나 SNS를 통해서 아무 이유 없이 비방하거나 중상모략을 일삼는 사람을 모두 '투우'라고 생각하자.

상대는 분노의 감정에 이끌려서 당신에게 돌진해 올 것

이다.

정면충돌한다면 쌍방이 크게 다칠 것이고 큰 싸움으로 번질 것이다.

그러니 일단 붉은색 천으로 휙 넘기자. 넘기면서 냉정하고 차분한 마음가짐으로 그다음에 어떻게 대처해야 할지 방법을 생각해 보자.

그러면 쌍방 모두 피해를 입지 않고 끝날 수 있다.

CHECK

◐ 상대방의 말 공격에 정면으로 맞서지 말고 투우사처럼 넘기자.

아무 말 안 하면 계속 당한다

상대방의 말 공격을 투우사처럼 잘 넘겼음에도 불구하고 또다시 말 공격을 일삼는다면 어떻게 해야 할까? 그때는 투우사처럼 상대방의 돌진을 멋지게 넘기면서 두 번 다시 같은 말을 반복하지 못하도록 비수를 꽂듯이 한마디 덧붙인다.

예를 들어 본가에 갈 때마다 부모님이 "결혼은 언제 할 거니?", "취직은 언제 할 거니?" 등 잔소리를 따발총처럼 퍼붓는다면 일단 "그러게요", "언제 하죠?"라며 넘긴다.

그런데 투우사처럼 멋지게 넘겼는데도 부모님이 또다시

잔소리 공격을 해온다면 이렇게 말해보자.

"왜 저는 이 나이가 되도록 결혼을 못하는 걸까요? 뉘집 자식인지 참 대책 없죠?"

이렇게 말하면 아무 말도 못 하실 것이다.

한편 자신보다 잘나가는 사람을 발견하면 무차별 공격을 퍼붓는 사람이 있는데, 대개 '자신보다 약해 보이는 사람'을 노린다.

그러니 '나는 당신에게 지지 않는다'라는 태도를 보이는 것도 중요하다.

실제로 성공했더니 주변에서 말로 공격해 오거나 뒤에서 험담하는 사람이 많아졌다는 이야기를 고객에게 듣곤 한다.

심지어 어떤 고객은 "저 사람이 성공한 건 뒤를 봐주는 '남자'가 있어서래요"라는 이상한 소문이 돌아서 화가 났다기에 이렇게 조언한 적이 있다.

"만일 다음에도 그런 말을 하는 사람이 눈앞에 나타나면 '어머~ ○○ 씨는 주변에 남자가 한 명도 없어요? 외롭지 않아요?'라고 말해주세요."

그랬더니 마음속의 응어리가 풀렸는지, 이 고객은 수십만 엔이었던 월급이 단숨에 2백만 엔까지 껑충 뛰었다. 원래 자신을 응원해주는 사람을 한 명도 얻지 못하고서는 고객을 늘리는 일도, 매출을 늘리는 일도 불가능하다. 자신을 응원해주는 사람이 늘어나면 일정 수 자신을 비난하거나 성공을 질투하는 사람이 반드시 나타나기 마련이다.

이럴 때는 더는 공격하지 못하도록 강력한 말 한마디로 못을 박고 자신을 응원해주는 사람을 늘리고 비판하는 사람은 차버리도록 하자.

CHECK

- -

⊙ '지지 않겠다'라는 의지를 태도로 보여주자.

증오에서 벗어나는 '관점'

어른이 되어서도 부모에 대한 원망과 분노를 떨쳐 버리지 못하는 사람이 의외로 많다. 물론 훌륭한 부모 밑에서 사랑을 듬뿍 받고 자라서 행복한 삶을 누리는 사람도 있다.

그런 사람을 보면 '왜 우리 부모님은…'이라는 생각이 들기도 할 것이다.

그런데 기본적으로 부모는 모두 미숙한 존재다.

자녀의 입장에서 '부모는 완벽한 존재'처럼 보일지 몰라도 난생처음 겪는 일에 당황하기도 하고 실수를 연발하는 등 미숙한 인간이다.

만일 불행하게도 부모가 너무 미숙한 나머지 자녀에게 있느니만 못한 '독과 같은 존재'라면 그 관계에서 하루라도 빨리 벗어나거나 졸업하려고 노력해야 한다.

실제로 이런 이야기가 있다. 제대로 된 직장도 없이 매일 술만 마시고 가정폭력을 일삼는 아버지 밑에서 자란 두 형제가 있었다.

둘 다 장성해서 각자 가정을 꾸렸는데, 형은 아버지에 대한 원망과 분노를 버리지 못하고 언제부턴가 자신도 아버지처럼 술독에 빠져서 폭력을 일삼다가 결국 감방에 수감되고 말았다.

감방에서 형은 이렇게 말했다고 한다.

"아버지'때문'에 이렇게 됐어."

한편 동생은 성실하게 일하며 아내와 자식에게 자상한 아버지로 매일 행복하게 지냈다.

그러던 어느 날, 우연한 계기로 과거를 회상하게 되었는데 동생은 이렇게 중얼거렸다고 한다.

"아버지 '덕분'에 이렇게 됐어."

이처럼 같은 부모 밑에서 자랐어도 자신에게 주어진 환경을 삶의 밑천으로 어떻게 삼을 것인지에 따라서 결과는 확연히 달라진다.

CHECK

- -

✔ 부모를 반면교사로 삼는다.

마음의 상처는 스스로 방어한다

누구에게나 '상처받는 말'이 있다. 예를 들어 '뚱보', '대머리', '못생겼다', '난쟁이' 등과 같은 말이다.

그런데 똑같은 말을 듣고도 어떤 사람은 상처를 받는가 하면 어떤 사람은 전혀 개의치 않기도 한다. 왜 그럴까?

인간은 다른 사람이 하는 말이 다음의 두 가지 요소를 충족시켰을 때 화가 나거나 상처를 받는다.

하나는 '자신이 그렇다'라는 것을 인정할 때다. 앞의 예시에서 자신이 '대머리'이거나 '못생겼다'라고 인정했을 때 그렇다. 다만 이것만으로는 상처받거나 화내지 않는다.

상처받거나 화낼 때는 다른 한 가지 요소가 더해졌을 때다. 바로 '그것이 좋지 않다'라고 생각하고 있을 때다.

앞의 예시 중에서 '자신은 뚱뚱하고 뚱뚱한 사람은 추해 보인다' 또는 '나는 키 작고 사람들은 난쟁이를 싫어한다'라고 생각했을 때 상처받고 화가 나는 것이다.

이를 뒤집어 생각하면 그런 사실을 인정한다고 하더라도 그것이 좋지 않다고 생각하지 않으면 상처받거나 화를 내지 않는다.

"나는 뚱뚱한 편이긴 하지만 요즘 사람들이 후덕해 보이는 스타일을 좋아해서 인기가 있어", "나는 머리가 좀 없지만 애인이 '할리우드 배우 브루스 윌리스'랑 닮아서 멋지다고 칭찬해 줘서 기분도 좋고 내 모습이 참 마음에 들어" 등. 이렇게 생각하는 사람은 '뚱보'라든가 '대머리'라는 말을 들어도 상처받지 않고 화도 내지 않는다.

이처럼 자신의 자아에 대해서 더욱 깊이 알고 자아를 긍정적으로 활용하는 기술을 익히면 화내는 일이 적어진다.

CHECK

⊙ 관점을 바꾸면 단점도 강점이 된다.

참고 울기만 해서는 안 된다

이번에는 분노의 종류에 따라서 '화내지 않는 스위치'를 누르는 방법을 살펴보고자 한다.

일단 '신체적 분노'다.

'신체적 분노'란 다른 사람에게 폭력을 당하는 등 신체적으로 피해를 입었을 때 생기는 분노로 '화를 내지 말라'고 말하는 것은 무리다. 이런 경우에는 오히려 화를 내지 않거나 참는 것이 더 위험하다.

아무런 잘못도 없는데 상대방이 위해를 가해온다면 경찰에 신고하거나 법적인 해결책을 찾아 나서야 한다.

다만 정당방위는 차치하고 '당했으니까 되갚아주겠다'라는 식의 대처는 자신을 위해서 도움이 되지 않으니 하지 않는 것이 좋다.

문제는 상대방이 가까운 지인이거나 직장 내 상하 관계인 경우다.

과거에는 학교나 직장에서 '교육의 일환'으로 체벌을 눈감아주는 등 어느 정도 허용하는 분위기였다. 하지만 지금은 어떤 상황에서든 '폭력은 절대로 용납할 수 없다'가 상식이다.

만일 폭력을 당했다면 참을 것이 아니라 주변 사람에게 알리고 법적인 문제를 포함해서 의연하게 대처해야 한다.

이는 가족과 부부 사이에서도 마찬가지다.

'나만 참으면 된다'라는 생각은 자신에게도 상대에게도 좋지 않다. 전문가의 상담을 통해서 해결책을 모색하고 상대방과 거리를 두는 등 곧바로 대책 마련에 나서야 한다.

여하튼 '신체적인 분노'는 정당한 분노이고 자신을 지키기 위해서 필요한 것이다.

따라서 '감정에 휘둘려서 되갚아주겠다'거나 '내가 참겠다'가 아니라 좀 더 근본적인 해결책으로 '상대방과 거리를 둔다', '직장을 그만둔다', '애인과 헤어진다' 등 관계성을 재검토하는 행동을 조기에 취해야 한다.

CHECK

🔽 참지 말고 환경을 바꾸든지 제삼자에게
   상담을 요청한다.

스윽

다음으로 '소실적 분노'에 대해서 이야기 하겠습니다.

우와~

자, 상상해 보세요. 매일 먹는 소중한, 소중한 간식이…

펑~

어느 날 갑자기 사라져서 먹을 수 없다면

쓱싹

쓱싹

쓱싹

슬픔과 분노는 '간식의 소중함'을 깨닫게 해주기 위해서 존재하지요. 매일 감사하며 삽시다.

부처의 이야기를 통한 깨달음

이번에 소개할 것은 '소실적 분노'다.

'소실적 분노'란 자신이 소중하게 여겼던 것이 사라지거
나 소중한 사람을 멀리 떠나보내거나 애인과 이별했을 때
생기는 분노다. 사라진 물건의 가치나 존재가 크면 클수록
그로 인한 슬픔과 분노의 감정은 더욱 크다.

이런 이야기가 있다. 자식을 잃은 슬픈 어미가 현자인
부처님을 찾아가서 이렇게 호소했다.

"부처님, 저에게 소원이 있습니다. 사랑하는 자식을 되

돌릴 수 있는 약을…. 제발 그 약을 만드는 방법을 알려주십시오. 알려주신다면 뭐든지 다 하겠습니다."

어미의 간청에 부처님은 이렇게 말했다.

"알겠다. 그렇다면 양귀비 씨앗을 찾아오거라. 단 조건이 있다. 지금까지 한 번도 죽은 사람이 없는 집 마당에 핀 양귀비의 씨앗이어야 한다."

이에 어미는 여러 집을 돌며 마당에 양귀비가 피어 있는지, 가족 중에 누군가 죽은 사람은 없는지 묻고 다녔다.

그런데 양귀비가 피어 있는 집을 애써 찾았어도 '지난달에 아내가 죽었습니다', '작년에 자식을 잃었소'라며 가족 중 누군가를 떠나보냈다는 이야기를 들었다.

그리고 집 수십 채를 돌던 어느 날, 어미는 깨달았다.

'내가 지금 품고 있는 소중한 사람을 잃은 슬픔과 분노는 나만이 느끼는 것이 아니구나. 모두가 저마다 각자의 슬픔과 분노를 품고 살아가고 있구나….'

그날 이후 어미는 자식을 볕이 잘 드는 곳에 묻고 부처님을 찾아가 '저와 같은 슬픔과 분노, 고통을 가진 부모에게 힘이 되어 주고 싶습니다'라며 출가했다고 한다.

할 수만 있다면 잃어버리고 나서 소중함을 깨닫기 전에 후회와 아쉬움이 남지 않도록 평소에 주변 사람과 자신이 가진 것을 소중히 여겼으면 좋겠다.

CHECK

◉ 후회나 아쉬움이 남지 않도록 소중한 사람과 함께 시간을 보내자.

'인정해 줬으면' 하는 마음이 화를 부른다

이번에는 '미승인적 분노'에 대해서 이야기하겠다.

인간에게는 '승인 욕구'라는 것이 있다. 간단하게 설명하면 '인정받고 싶다', '나를 소중하게 여겨줬으면 좋겠다' 등과 같은 욕구다.

그래서 만일 다른 사람이 자신을 인정하지 않거나 소홀하게 대하면 화가 나는 것이다.

예를 들어 애인과 데이트 약속을 잡았는데 당일에 '갑자기 일이 생겼다'며 취소하면 자신보다 일이 중요하고 우선한 것에 화가 나는 것이다.

상대방에게 '인정받고 싶다', '소중히 여겨줬으면 좋겠다' 등의 감정을 강하게 느끼는 것은 그만큼 상대방을 좋아하는 마음이 크기 때문이다. 사랑받고 싶은 것이다. 그래서 화가 나는 것이다.

따라서 분노와 화의 감정을 상대방에게 터트리고 전가하는 식의 소통 방식은 멈춰야 한다.

이와 반대로 '이렇게 화가 날 정도로 나는 이 사람을 많이 좋아하는구나!'라고 자신의 속마음을 알아차리고 재확인하면서 그런 사랑의 마음을 상대방에게 솔직하게 전달해야 한다. 그러면 상대방과의 관계가 훨씬 더 좋아지고 돈독해진다.

사람과 사람 사이의 소통에서 가장 중요한 것은 '확인'이다.

다른 사람이 무슨 생각을 하는지 초능력자가 아니고서야 알 수 없다.

'입으로 무슨 말이든 못하겠어?'라고 생각한다면 어쩔 수 없지만 서로 대화를 주고받으면서 감정과 생각을 나누거나 이해하려고 노력한다면 보다 돈독한 인간관계를 구축할 수 있고 함께 성장해 나갈 수 있다.

인연이 있기에 서로 만난 것이니 소중히 여기고 대화를 통해 서로의 감정을 확인하자. 그리고 행동으로 보여주는 관계를 만들어 나가자. 그럴 때 진정한 관계가 형성된다.

CHECK

◎ 소중한 사람이니 서로 이해하려고 노력하자.

승인 욕구를 채우려는 사람들

채워지지 않은 '승인 욕구'를 채우려는 듯이 자신의 입장을 이용해서 '나는 고객이다'라며 불만을 제시하거나 고압적인 자세를 취하는 사람이 있다.

점원 중에도 일하려는 의욕이 전혀 없거나 건방진 태도로 손님을 대하는 사람이 있다. 이런 도리에 어긋난 사람들로 인해 생기는 분노의 감정을 어떻게 대처해야 할까?

일단 분노를 터트리거나 버럭 화를 내봤자 좋을 것이 없으니 마음을 가라앉히고 냉정하게 상대방을 분석하는 것이 좋다.

대개 다른 데에서 '승인 욕구'가 채워지지 않아서 화가 났거나 인간적으로 미성숙한 사람이다.

'불쌍한 사람'이라고 생각하고 측은하게 여긴다면 분노의 감정은 금세 사그라질 것이다.

자신도 모르게 위압적으로
행동하지 않는가?

부모는 자식의 장래를 위해서 훈육을 하고 '이렇게 해라', '저렇게 해라', '다른 방법이 더 낫지 않냐'라며 조언하거나 타이른다.

이때 자식이 부모가 하는 말을 듣지 않거나 반항적인 태도를 보이면 속이 부글부글 끓는데 이런 분노의 감정을 '지배적 분노'라고 한다.

직장에서 상사가 자신의 말을 듣지 않는 부하 직원에게 화가 나는 것도, 학교에서 선생님이 자신의 지시를 따르지 않는 학생에게 화가 나는 것도 모두 '지배적 분노'에 해당한다.

'지배적 분노'도 인간이 가진 본연의 감정으로 부정할수 없다. 그렇다면 어떻게 해야 할까? '깨달음'의 계기로삼으면 된다.

'지배적 분노'의 밑바탕에는 '미승인적 분노'와 마찬가지로 '사랑'이 깔려 있다.

상대방이 지금보다 나아졌으면 하는 바람과 사랑이 있기에 화가 나는 것이다.

그런 사랑의 감정이 분노나 화를 통해서 상대방에게 전달되면 좋겠지만 그렇지 않다. 다른 방법으로 사랑의 감정을 전달하고 이해할 수 있도록 해야 한다.

간혹 '지배적 분노'의 원인이 '아랫사람은 윗사람의 지시를 반드시 따라야 한다' 등과 같은 자신이 '옳다'고 믿는것, 즉 신념에서 비롯되는 사람도 있다.

이는 다음 장에서 자세하게 다룰 텐데 옳고 그름은 사람에 따라서, 입장에 따라서 다르므로 반드시 상대방의 관점에서 생각해 볼 필요가 있다.

또한 아랫사람이 자신의 말을 귀담아듣지 않을 때 '나를 무시하는 건가?', '지도력이 없는 사람처럼 보이고 싶지 않아!'라며 화를 내는 사람도 있다. 이럴 때는 상대방을 바꿀 것이 아니라 자신을 바꾸는 '깨달음'의 계기로 삼아야 한다. '이 사람은 나에게 이렇게 하면 안 된다는 것을 몸소 알려주는 반면교사구나'라고 생각하면 역으로 고마운 마음이 들 것이다.

CHECK

⊙ 자신보다 입지가 낮은 사람을 통제하려고 들지 않는다.

험담이나 악플은
화장실 낙서와 같다

　요즘은 SNS가 개인의 정보 발신은 물론 비즈니스에서도 무시할 수 없는 존재가 되었다. 나 역시 이용하고 있고 고객에게도 활용해 보라고 권한다.

　그런데 이때 빠지지 않고 언급하는 것이 있다. 바로 SNS 상의 크고 작은 문제다. 특히 이유 없는 비방과 중상모략을 보고 있자면 분노가 치민다.

　'비난받기 싫다'며 SNS 이용을 주저하는 사람도 많은데

이는 '독을 먹을 수도 있으니 복어는 먹지 않겠습니다'와 같은 맥락이다.

조리만 잘하면 독을 먹는 일은 없는 것처럼 대책을 마련해 두면 어느 정도 방어할 수 있다.

다만 명심해야 할 것이 있다. 이 세상에는 생산성 제로에 자기만족을 위한 비방과 중상모략을 반복하는 사람이 일정 수 존재한다는 사실이다.

매우 유감스럽고 안타까운 일이지만 '화장실 낙서'가 사라지지 않는 것과 같은 이치다.

따라서 우리는 자신을 비난하는 사람보다 응원해주는 사람이 더 많다는 사실을 기억해야 한다. 그들의 따뜻한 응원에 관심을 갖고 그들에게 기쁨을 주려고 노력하다 보면 이유 없는 비난이나 중상모략에 신경 쓸 겨를도 없고 언젠가 사라지고 만다.

또한 SNS뿐만 아니라 인간관계에서 모든 사람에게 사랑받는 것은 불가능한 일이다.

'미움받지 않으려고 노력하는 것보다 자신을 좋아해 주고 응원해주는 사람을 소중하게 생각하자.'

이것이 훨씬 더 중요하다.

CHECK

🔽 싫은 사람이 아니라 소중한 사람에게 관심을 갖자.

불편한 인간관계는 반드시 있습니다.

누군가와 사귀는 것은 어려운 일이죠.

슈웅~

그런 불편한 인간관계는 피해도 좋아요.

달리고~

달리고~

만일 피할 수 없을 때는 그런 관계에서 뭔가를 배우고…

불편한 관계에서 점점 벗어나고

그것이 인간관계죠.

벗어난 후에는 반드시 좋은 일이 있답니다.

GOAL

피하는 편이 훨씬 나은
인간관계가 있다

SNS뿐만 아니라 타인과의 직접적인 만남, 교제를 통해서 우리는 기쁨과 즐거움을 얻기도 하지만 분노와 슬픔을 경험하기도 한다.

'그런 게 바로 인간관계다'라고 정리해 버리면 아무런 도움이 되지 않으니 인간관계로 인한 스트레스를 줄일 수 있는 방법을 소개하도록 하겠다.

다시 말해, '분노를 느끼게 하는 인간관계에서 졸업하는 요령'이다.

나는 인간은 '좋은 사람'과 '나쁜 사람'으로 나뉘는 것이 아니라 한 사람의 내면에 '좋은 면'과 '나쁜 면'이 공존한다고 생각한다.

그래서 자신의 '나쁜 면'을 자극하는 인간관계에서는 하루라도 빨리 벗어나거나 졸업해야 한다고 조언한다.

졸업할 수 있으면 그다음은 '좋은 면'을 끌어내는 인간관계만 남는다.

이렇게 되면 인간관계는 매우 편해진다. 왜냐하면 당신을 화나게 만드는 사람이 주변에 없기 때문이다.

그런데 이렇게 조언하면 '그럼 직장이나 가족처럼 벗어날 수 없는 인간관계는 어떻게 합니까?'라는 질문이 반드시 날아온다.

졸업할 수 없거나 벗어날 수 없을 때는 '그 단계에서의 배움이 아직 끝나지 않았다'는 뜻이다.

그런 인간관계에서 뭔가를 배우고 성장하면 불편하고 싫었던 사람이 어느샌가 사라지고 더 이상 신경 쓰이지 않게 된다.

또한 성장한 당신에게는 반드시 좋은 일이 일어나므로

일거양득이다.

문제가 있는 인간관계에서는 일단 적극적으로 벗어나자. 벗어날 수 없는 경우는 거리를 둔다. 이렇게 했는데도 안 된다면 뭔가 배울 것이 있다고 생각하고 자신을 성장시키고 그다음 단계로 넘어간다. 이것이 인간관계를 현명하게 헤쳐 나가는 비법이다.

CHECK

- -

🔽 자신의 '좋은 면'을 끌어내 주는 사람과 사귀자.

자신에게 너무 엄하지 않도록 한다

누구나 살면서 '저 사람이 하는 변명은 듣고 있으면 화가 난다'거나 '저 사람의 말 한 마디, 한 마디가 짜증 난다'라고 느꼈던 적이 있을 것이다.

이 세상에는 다른 사람을 화나게 하거나 불편하고 불안하게 만드는 사람이 있다. 그런데 이것이 100% '화나게 만드는 사람의 탓'일까?

좋은 인간관계를 구축하는 데 가장 중요한 것은 '상대방을 받아들이는 것'이 아니다. 실은 훨씬 더 중요한 것이 있다. 바로 '자기 자신을 받아들이는 것'이다.

'당신이 얼마나 타인을 받아들일 수 있느냐'는 '당신이 얼마나 자기 자신을 받아들일 수 있느냐'에 비례한다. 다시 말해서 '자기 수용'이 가능하면 '타자 수용'도 가능하다.

예를 들어 중요한 약속에 지각한 자신의 실수를 용서할 수 있는 사람은 상대방의 지각도 용서할 수 있다. 반대로 '자기 자신을 수용'하지 못하고 '이런 자신이 싫다'라며 자기 부정을 하는 사람은 타인도 동일하게 부정한다.

분노의 원인은 다양하지만 대개 그 원인은 자기 안에 있다. 인정하고 싶지 않은 자신의 치졸함이나 과거에 받았던 상처일 수도 있다.

따라서 과거에 자신이 저질렀던 실수나 실패, 과오를 받아들이고 자신을 해방시키도록 하자. 그것이 자신을 인정하는 일이며 상대방과 보다 나은 관계를 맺는 방법이다.

CHECK

⊗ '자기 수용'이 가능하면 인간관계가 편해진다.

불필요한 분노에
휘둘리지 않는다

◇◇◇

위기를 탈출할 6가지 습관

미래의 선택권은 자신에게 있다

기분 나쁜 말을 듣고 화를 낼 것인지 아니면 '이것은 신이 주신 메시지일지도 모른다'라며 자신을 개선할 기회로 삼을 것인지는 당신의 선택에 달렸다. 가령 "요즘 살쪘어?"라는 말을 듣고 '다이어트에 도전'하거나 "돈도 없어?"라는 말을 듣고 '직업과 수입을 다시 검토'해 보거나 "서른이 넘었는데 혼자라니 외롭지 않아?"라는 말을 듣고 '좋은 남자(여자)를 진심으로 찾아보는' 등의 선택권은 항상 당신에게 있다.

'분노'의 에너지를 발판으로 삼으면 지금까지 하지 못했던 일을 얼마든지 할 수 있다. 원래 신이 인간에게 분노라는 감정을 준 이유는 힘든 상황에 처하더라도 이에 굴하지 않고 현재를 이상적인 방향으로 전환할 수 있도록 하기 위해서라고 나는 생각한다.

CHECK

- 짜증 나거나 화나는 일이 있다면
  개선의 기회로 삼는다.

왜 이렇게 답을 안 보내는 거야~

대.답.해.

저기 누님! 그럴 때는 자신의 기분을 전해 보세요.

ㅣ메시지로 보내면 좋아요.

요렇게

에?

바쁠 텐데 미안하지만 답 좀 빨리 보내주면 좋겠어♪

톡 톡 톡

바쁠 텐데 미안하지만 답 좀 빨리 보내주면 좋겠어♪

귀… 귀엽잖아!

두 근♡

남친

효과적으로 꾸짖는 방법이 있다

분노의 감정은 '자신'을 주어로 한 'I 메시지'로 전
달하면 상대방에게 잘 전달되어서 이해받을 수 있다.

예를 들면 부모는 자녀를 훈육할 때 무심코 이렇게 혼내
지 않는가?

"여기서 놀아야 된다고 절대로 다른 곳에 가면 안 된다
고 말했는데 '너는' 왜 엄마가 한 말을 안 듣는 거니!"

이는 '상대방'을 주어로 한 'YOU 메시지'로 전달하는 방
법이다. 이런 경우에 아이는 '부모에게 혼났다' 또는 '부모
가 화났다'라고 느낄 뿐이다.

한편 'I(나)'를 주어로 자신의 기분을 전달하면 어떨까?

"엄마(내, I)가 서둘러서 돌아왔는데 우리 ○○가 없어서 깜짝 놀랐잖아. 너무 겁이 나서 울 뻔했다고. 그러니까 앞으로는 엄마 말 잘 들어야 해!"

이렇게 말하면 듣는 아이도 기분이 좋고 앞으로 부모 말을 잘 들어야겠다고 생각할 것이다.

분노의 감정을 'YOU 메시지'로 전달하는 방법은 분노를 고스란히 상대방에게 퍼붓는 것과 같다. 하지만 'I 메시지'로 분노의 원인을 잘 전달하면 상대방에게 자신의 감정과 '사랑'하는 마음이 전해져서 서로 깊이 이해할 수 있게 된다.

CHECK

- -

⊙ 'I 메시지'라면 상대방이 잘 들어줄 것이다.

육아가 편해진다

자녀를 양육하는 모든 부모의 고민거리 중 하나는 바로 '아이가 말을 잘 안 들어요!'일 것이다. 자식이 부모의 말을 듣지 않으려는 행동은 사실 성장의 증거로 좋은 반응이다.

하지만 예의범절을 가르쳐야 하고, 좋은 습관을 길러주어야 하는 것이 부모의 역할이다. 개중에는 '부모의 말에 무조건 잘 듣고 따랐으면 좋겠다'라고 생각하는 부모도 있을 것이다.

그래서 "적당히 좀 해!", "몇 번을 말해야 알아듣니?"라며 화를 내거나 "말 안 들으면 장난감 안 사줄 거야!", "숙제 다 해야지 간식 먹을 수 있어"라며 협박으로 자녀를 움직이고 통제하려고 한다.

그런데 사람을 움직이게 하는 원동력에는 기본적으로 두 가지밖에 없다.

바로 '기쁨'과 '두려움'의 감정이다.

화를 내거나 협박하는 등 '두려움'의 감정을 이용해서 아이에게 말을 잘 듣도록 하는 행위에는 한계가 있고 무엇보다 아이의 자율성을 망치고 건전한 성장을 방해한다.

이보다 '기쁨'의 감정으로 아이를 지도하면 아이는 물론 부모도 행복해질 수 있다.

예를 들어 "빨리 옷 갈아입어. 안 그러면 유치원에 늦겠어"라며 두려움의 감정으로 이용해서 아이를 움직이려고 한들 아이는 즐겁지 않기에 좀처럼 움직이려 하지 않을 것이다.

이보다 "지금 빨리 옷 갈아입으면 유치원에서 하는 재미난 놀이 시간에 맞춰 갈 수 있을 거야. 재미있겠지?"라며 즐거움을 자극하면 아이는 스스로 알아서 옷을 갈아입을 것이다.

이는 육아뿐만 아니라 직장 내 인간관계나 부부 사이에서도 마찬가지다.

분노의 감정으로 사람을 움직이려고 하지 말고 기쁨을 줄 수 있는 제안을 하려고 노력해 보자.

CHECK

⌄ 협박이 아니라 기쁨을 주자.

기회를 활용하면 영웅이 될 수 있다

 '누가 봐도 화가 나는 것이 당연한 상황'에서 '일부러 화를 내지 않는 선택'을 하고, 오히려 상대방을 존중하고 걱정한다면 당신은 그 사람에게 절대적인 신뢰를 얻을 수 있다.

 예를 들어 남편이 애지중지하는 와인글라스를 아내가 실수로 깨뜨렸다고 하자.

 "뭐하는 거야? 얼마짜리인 줄이나 알아!", "왜 그렇게 조심성이 없어!"라며 화를 낼 상황에서 꾹 참고 "자기 안 다쳤어? 괜찮아? 다행이군. 와인글라스는 또 사면 되지만 자기가 다치면 큰일이잖아. 파편이 아직 남아있을지 모르니 저쪽으로 가 있어. 내가 청소기 돌릴 테니"라고 말한다면?

아내는 '나는 사랑받고 있다', '나를 소중히 여기는구나' 등의 감정을 새삼 실감할 것이다.

이와 마찬가지로 직장에서도 신뢰를 얻을 기회는 많다.

예를 들어 중요한 회의가 있는 날에 신입 사원이 지각을 했다고 하자.

'엄청 깨지겠군. 큰일이다…'라고 걱정했는데 상사가 이런 말을 건넨다면?

"다행히 왔군. 혹시 무슨 일이라도 있었나? 사고라도 당한 건 아닌지 걱정했어."

상사에게 이런 말을 들으면 신입 사원은 '두 번 다시 상사의 신뢰를 저버리는 일은 하지 말아야겠다. 열심히 일하자'라고 생각할 것이다.

실제로 얼마 전에 이런 일이 있었다.

세미나에 참석한 한 분이 코로나 확진 판정을 받았다.

나는 밀접접촉자로 곧바로 PCR 검사를 받았는데 다행히 결과는 음성이었다. 하지만 밀접접촉자라서 2주 동안 자가 격리를 하게 되었다.

이로 인해서 예정되어 있던 세미나를 중단할 수밖에 없었다. 피해 금액은 대략 수백만 엔이었다.

'세상에 이런 일이 어디 있어? 말도 안 돼!'라며 화가 나려던 순간, 나는 '영웅이 될 기회'라며 마음을 고쳐먹었다. 그리고 예정되어 있던 세미나를 중단하지 않고 인터넷으로 진행하기로 결심했다. 물론 이미 신청했던 참가자 전원의 참가비는 모두 환불 처리했고 무료로 진행했다.

그랬더니 인터넷 세미나에 참가한 사람들이 하나둘씩 개인 세션을 신청하기 시작했고, 피해 금액 이상의 수익을 올리는 뜻밖의 결과를 얻었다.

나는 코로나 확진 판정을 받은 분에게 당신 '덕분에 책에 쓸 이야깃거리가 생겼습니다. 그리고 손해액 이상의 매출을 올리게 되었습니다. 대단히 감사합니다'라는 인사를 전했다.

이렇듯 '화를 내도 당연한 상황'은 상대방에게 절대적인 신뢰를 얻을 수 있고 영웅이 될 수 있는 기회다.

이렇게 좋은 기회를 활용하지 않을 이유가 또 어디에 있을까?

CHECK
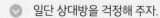
✓ 일단 상대방을 걱정해 주자.

'화낼 수 없는 사람'은 자기주장을 못하는 사람

'화내지 않는 사람'은 화낼 수 있지만 일부러 화내지 않는 선택을 한 사람

둘 사이에는 큰 차이점이 있어요.

자신의 인생을 멋지게 사는 후자가 됩시다!

'화를 낼 수 없는 것'과
'화를 내지 않는 것'은 전혀 다르다

지금까지 '화내면 안 된다'라는 이야기를 계속 해왔는데 만일 자신의 정당한 권리를 침해하거나 도리에 어긋나는 일을 당했다면 당연히 화를 내도 괜찮다.

그런데 당연히 화를 내야 하는 상황에서 '화를 낼 수 없는 사람'이 있다.

'화를 낼 수 없는 사람'과 '화를 내지 않는 사람'은 얼핏 비슷해 보이지만 전혀 다르다.

아니, 오히려 정반대다.

‘화를 낼 수 없는 사람’은 상대방의 반격이 두려워서 자기주장을 제대로 펼치지 못하는 사람이다.

반면에 ‘화를 내지 않는 사람’은 화를 내는 것, 즉 공격이나 반격을 언제든지 할 수 있지만 그보다 중요한 것이 있어서 스스로 ‘화를 내지 않는 선택’을 하는 강인한 의지의 소유자다.

‘화를 낼 수 없는 사람’은 자기주장을 펴지 못하니 자신에 대해서는 물론이거니와 자신이 어떤 일을 하고 싶은지도 잘 모른다. 주변 사람이 하는 말에 좌지우지되는 줏대 없는 인생을 산다.

반면에 ‘화를 내지 않는 사람’은 자기 주관이 뚜렷하고 주변 사람이 뭐라고 떠들어도 자기답게 인생을 산다.

단 한 번뿐인 인생을 다른 사람의 눈치나 보면서 산다면 얼마나 슬픈 일인가?

그러니 화내고 싶을 때는 화를 내자. 그래도 괜찮다.

다만 분노의 감정이 올라왔을 때 자신의 의지로 ‘화를 내지 않는다’라는 선택을 할 수 있었으면 좋겠다.

'화를 낼 수 없는 것'이 아니라 '화를 낼 수 있지만' 화내는 것보다 훨씬 더 중요한 것이 있어서 자신의 의지로 일부러 '화내지 않는 행동'을 선택하는 것이다.

이렇게 하면 스트레스도 쌓이지 않고 행복과 성공의 길을 걸을 수 있다.

CHECK

- -

⊙ '화내지 않는 행동'을 선택해 보자.

그것은...

'화내지 않는 스위치'를 버려도 되는 때가 있습니다.

휘익~

부릅

'소중한 사람을 지킬 때'

만화

그렇죠?

만화

역시 영웅은 친구를 위해서 싸우는군요.

친구를 위해 진심으로 화낼 수 있다

히어로가 등장하는 애니메이션을 보면 악당이 친구나 동료를 괴롭히거나 위협하면 어디선가 주인공이 나타나서 무찌르는 장면이 등장한다.

원작이 4억 부 이상 판매된 세계적으로 유명한 애니메이션 〈원피스〉를 봐도 그렇다. 주인공 루피는 자신을 놀려도 바보 취급을 해도 별로 화를 내지 않는다.

하지만 친구나 동료가 놀림을 받으면 불같이 화를 낸다. 그런 루피의 목숨을 구하고 자신의 소중한 밀짚모자를 말긴 샹크스와 그의 동료도 적에게 심하게 당해도 화를 내지 않지만 루피가 자신들을 대신해서 적에게 붙잡혀 간 것을 안 순간, 조금의 망설임도 없이 적을 무찌르러 나선다. 그리고 단숨에 때려눕힌다.

이는 비단 애니메이션의 세계에서만 국한되는 이야기가 아니다. 우리 주변을 둘러보면 소중한 친구와 동료를 위해서 대신 싸우거나 화를 내거나 때로는 눈물을 흘리는 사람이 있다.

아마도 인간의 DNA에는 이런 이상적인 모습이 각인되어 있어서가 아닐까?

CHECK

- 🔽 우리 인간은 친구, 동료를 생각하는
  마음이 매우 강하다.

PART

6

'좋은 일이 생기는 사람'은 특별함이 있다

◇◇◇

분노를 감사로 바꿀 수 있다!

자신의 분노와 마주하자

'질 수 없어!'라는
분노의 파워도
노력할 때는 도움이
됩니다.

물론
시작할 때는
좋지만

'분노
에너지'가
그대로라면
금세 지치니

'감사'라는
선한 에너지로
바꿉시다!

분노를 알아차리고 성장 에너지로 만들자

위대한 업적이나 큰 성공을 거둔 사람 또는 큰 행복을 누리는 사람이 하는 말이 있다. 바로 '감사'다.

처음에 '반드시 되갚아주겠어!', '두고 보라고!' 하는 '분노의 검은 에너지'는 사람을 극한으로 몰아서 움직이게 하는 원동력으로 작용한다. 하지만 시간이 지났는데도 불구하고 그런 분노의 감정을 그대로 놔두면 자신에게 부정적인 영향을 미치게 된다.

그럼 어떻게 해야 할까? '분노'의 나쁜 에너지를 '감사'

의 선한 에너지로 바꿔야 한다.

일단 자기 마음속의 '분노'를 알아차리고 마주하는 것부터 시작한다. '분노'는 감정이다. 마음속에 담아두지 말고 있는 그대로 느끼는 것이 좋다.

'아, 나는 지금 화가 났구나!'라며 말로 내뱉어 보는 것도 좋다.

문제는 자신의 '분노'를 알아차리지 못하는 사람이다. 이런 사람 중에는 너무 화가 난 나머지 '분노'의 감정에 마비되는 경우도 있다.

'왜 그렇게 화가 났어요?'라고 물으면 '제가요? 화 안 났는데요!'라며 100% 화를 낸다.

이외에도 '화를 내면 안 된다', '화는 표출하는 것이 아니다'라는 고정관념이 분노의 감정을 억누르고 마비시키는 경우도 있다.

예를 들면 만원 전철, 특히 일본 도쿄에서는 아침 출근 시간대의 만원 전철은 가히 살인적이다.

이런 상황을 처음 접하는 사람은 누구나 불만스럽고 불쾌한 '분노'의 감정을 느낄 것이다.

그런데 매일같이 만원 전철을 타다 보면 습관적으로 익숙해지고 마비되어 그런 감정을 전혀 느끼지 못하게 된다.

'분노'는 자신을 지키기 위해서라도 필요한 감정이므로 있는 그대로 정확하게 느끼고 알아차릴 수 없으면 매우 위험하다.

또래 집단의 따돌림이나 가정폭력은 이유를 불문하고 가해자가 나쁘다.

하지만 피해자가 '분노'의 감정을 정확하게 느끼고 벗어나려는 행동을 취하지 않거나 혹은 취할 수 없는 것이 반대로 가해자를 양산하는 안타까운 결과를 초래하기도 한다.

'분노'는 인간이 살아가는 데 필요한 감정이다.

따라서 일단 '분노'의 감정을 정확하게 느끼고 그 '분노'를 자신의 성장과 행복, 성공의 에너지로 삼는 것이 중요하다.

'분노'를 분석하면 많은 것을 알 수 있다

'분노'가 치밀면 그 감정을 분석하고 필요에 따라서 행동으로 옮긴다.

분석해 보면 알겠지만 대부분 그렇게까지 화낼 필요가 없었거나 화내봤자 아무것도 해결되지 않는 일이었기도 하다. 그런데 그중에 열등감이나 과거에 받았던 마음의 상처 등 자신의 내면을 깊이 들여다보는 계기가 되는 일도 있다.

'분노'의 정체를 알면 그다음은 그에 대한 대처법만 생각하면 된다.

과거에 나는 고객이 갑작스럽게 예약을 취소하면 짜증이 나고 화가 났다. 그래서 그런 감정을 차분하게 분석해 본 적이 있다.

금전적인 손해 이상으로 고객이 '예약을 가볍게 여겼다', '나를 우습게 봤다' 등과 같은 기분이 든다는 것을 알게 되었다.

그래서 그때까지만 해도 세미나 비용을 당일까지 입금할 수 있도록 했는데 이것을 예약한 날로부터 일주일 이내에 입금하는 것으로 변경했다. 그랬더니 세미나 직전에 갑자기 취소하는 사례가 거의 사라졌고 나 또한 짜증스럽고 화나는 일이 적어졌다.

이렇게 분노를 분석하고 그에 따라서 상황을 재점검한 결과, 지금은 스트레스를 거의 받지 않고 매출도 그에 상응해서 상승하고 있다.

어쩌면 이는 당연한 일이 아닐까? 불필요한 스트레스가 줄어든 만큼 일에 투자할 수 있는 에너지가 늘어나 매출 상승으로 이어진 것일 테니 말이다.

저주는 더디다

'용서할 수 없어!', '잊으려야 잊을 수가 없네!'라며 아무리 떨쳐버리려고 해도 떨쳐지지 않는 '분노'로 이러지도 저러지도 못하는 경우가 있다.

그럴 때는 무리해서 어떤 행동을 취하지 않아도 되고 억지로 용서하지 않아도 된다. 억지로 용서하려 하면 상대방을 용서하지 못하는 자기 자신을 자책하게 될 수도 있다.

일단 분노 에너지는 상대방이든 자신이든 누구에게든 퍼붓지 않는 것이 좋다. 상대방을 아무리 원망한들 원망의 감정은 상대방에게 전달되지 않는다.

왜 그럴까? '저주'는 '더디기' 때문이다.

자신이 아무리 화가 나서 머리를 싸매고 드러눕든 끙끙거리며 괴로워한들 그러는 사이에 상대방은 아무런 죄의식도 없이 평온하게 잠만 잘 자고 있을지도 모른다.

초조해하거나 조바심 내지 말고 분노의 감정을 있는 그대로 음미하자.

음미한 분노의 감정에서 '두 번 다시 이런 일이 일어나지 않았으면 좋겠다'라는 생각이 든다면 '앞으로 어떻게 하면 좋을지'를 고민해 보고 이를 조금씩 행동으로 옮겨보자. 만일 이렇게 했는데도 상대방을 '용서할 수 없다'라는 분노의 감정이 사라지지 않는다면 이 말을 떠올려 보길 바란다.

　'순간의 행복을 원한다면 화를 내도 좋다.

　하지만 평생 행복하길 원한다면 용서하는 것이 좋다.'

by 모리세 시게토모

CHECK
- -

🔽　분노를 음미한 후에 '어떻게 하면 좋을지'를 생각하자.

과거는 해석하기 나름이다

'분노'를 '감사'로 바꾸는 가장 빠르고 쉬운 방법.

바로 큰 행복을 손에 넣는 등 크게 성공하는 것이다.

'반드시 되갚아줄 테다!', '어디 두고 보자!' 등의 심한 분노에서 시작한 일이라도 잘 풀려서 큰 행복과 큰 성공을 손에 넣으면 이내 분노의 감정은 사라진다.

그리고 그런 기회를 제공해준 상대방에게 '되돌아보니 이런 행복(성공)을 누리는 것도 그 사람 덕분이다'라며 오히려 감사의 마음을 갖게 된다.

애인에게 차였을 때 당장은 속상하고, 화가 나고, 원망

스러울 것이다. 하지만 훗날 영화배우처럼 멋진 애인이 생기면 분노의 감정은 이내 사라지고 오히려 차인 것에 고마움을 느끼게 된다.

'과거는 바꿀 수 없다'라고 하는데 물론 과거에 일어난 일은 바꿀 수 없다. 하지만 그 일을 어떻게 해석할 것인지, 그 견해는 바꿀 수 있다. 즉, 아무리 힘든 일이라도 그것을 계기로 자신을 발전시킬 수 있다면 '싫은 일'이 '좋은 일'로 바뀐다.

이런 의미에서 '과거는 얼마든지 바꿀 수 있다'고 해도 과언이 아닐 것이다.

당신의 인생 시나리오는 지금부터 얼마든지 다시 쓸 수 있다.

괴롭고 힘든 일을 그대로 내버려 두면 '비극'은 계속되지만 어떻게 해석할 것인지, 즉 견해와 행동을 바꾸면 '희극'이 되고 '사랑과 감동의 대역전극'도 가능하다.

괴롭고 힘든 일뿐이라 어두컴컴했던 인생도 견해와 행동을 바꾸면 오셀로 게임처럼 행복과 사랑으로 넘치는 밝은 인생으로 역전시킬 수 있다.

실제로 나도 그랬다. 지금은 '행복한 부자', '돈의 요정' 이라는 말을 듣고 있지만, 불과 몇십 년 전까지만 해도 아내와 함께 사람들에게 돈을 빌려야 했던 가난뱅이였다.

중요한 것은 과거에 대한 견해를 바꾸고, 행동을 바꾸고, 지금을 행복하게 사는 것이다. 지금이 행복하면 과거는 얼마든지 바꿀 수 있으니까.

CHECK

❤ 싫은 '과거의 해석'은 언제라도 바꿀 수 있다.

어렸을 적에 엄마는 저를 단 한 번도 감싸주지 않으셨어요.

호로록

억지로 용서하지 않아도 돼요.

그런 상처는 마음에 남지요.

분명 어머님도 필사적으로 집안일을 하며 육아를 하셨을 거예요. 요즘처럼 편리한 세상도 아니었으니 무척 힘드셨을 테죠.

네, 무척 힘드셨을 겁니다.

아앗

그러고 보니 로봇 청소기도 식기 세척기도 없었네요…. 힘드셨겠어요….

이해하려는 것만으로도 된다

　　성인이 되어서 결혼을 하고 아이를 낳았어도 부모와의 관계에 대해 고민하는 사람들이 꽤 많다. 이런 사람들의 이야기를 들어보면 표면적으로는 '용서할 수 없다'라며 부모에 대한 원망과 분노를 드러내는데, 그 속내를 들여다보면 '더 많이 사랑해 주길 바랐다', '자신을 인정해 주길 바랐다' 등의 서운한 감정을 발견할 수 있다.

　　이런 감정을 마음속에 담아두고 소화시키지 못한 채 사는 사람들에게 나는 '무리해서 부모를 용서하려고 하거나 사이좋게 지내려고 하지 말고 부모를 동정하고 공감'하라고 조언한다.

부모가 당신을 길렀을 때를 상상해 보고 그때 부모가 느꼈을 감정이나 기분을 공감해 보는 것이다. 구체적으로 이렇게 고객에게 말하고 질문을 던진다.

"부모님이 당신을 낳았을 때 몇 살이셨을까요?

아마도 지금의 당신보다 어리지 않으셨을까요? 일회용 기저귀도 없던 시절이라 하루에도 수십 번씩 천 기저귀를 갈고 손으로 직접 빠셨겠죠. 시댁에서 시집살이를 하는 등 힘든 환경 속에서 필사적으로 집안일을 했을지도 모르고요. 부유한 집안이었다면 달랐겠지만 대개는 남편이 벌어다 주는 쥐꼬리만 한 월급으로 아등바등 절약하며 자신에게 투자할 시간조차 없으셨을 겁니다. 지금이랑 비교하면 육아 환경은 그야말로 최악이었던 셈이죠.

그런 환경 속에서 부모님은 당신을 온갖 정성을 다해서 키우셨어요.

지금의 당신이라면 알 겁니다. 부모라고 완벽할 수 없고 육아는 하면 할수록 모르는 것 투성이고 아무리 노력해도 미숙하다는 것을요.

　그러니 낳아주고 키워주신 것만으로도 감사한 일이 아닐까요?

　그런 부모님께 보답하기 위해서라도 부모의 마음을 헤아리고 이해하려는 모습을 보여주세요. 그것이 자식이 부모님에게 드릴 수 있는 최고의 사랑이고 최고의 효도이니까요."

값진 깨달음을 준다

여기까지 다양한 각도에서 '분노'와 '화'의 감정에 대해서 살펴봤는데, 가장 중요한 것은 그런 감정을 직시하고 긍정적으로 활용하는 것이다.

주변에 당신을 짜증 나게 만들거나 화나게 하는 사람은 반드시 있다. 그럼에도 불구하고 당신이 지금까지 잘 살아올 수 있었던 것은 당신을 이해하고 자상하게 도와준 사람이 있었기 때문이다. 그에 대한 감사의 마음을 잊어서는 안 된다.

나는 이렇게 생각한다. '신은 우리에게 소중하고 값진 것을 깨닫게 하려고 다양한 사건을 주신다'라고. 최근에 발생한 신종 코로나 바이러스도 재난이라고 생각할 것인지 아니면 신이 준 배움의 기회로 생각할 것인지에 따라서 크게 달라질 것이다. 잃어버린 것에 대한 미련을 버리지 못하고 슬퍼하며 한탄할 것인지 아니면 지금 자신에게 있는 것 또는 지금 자신이 할 수 있는 일에 감사하며 방법을 바꾸고 행동을 바꾸어 새로운 행복과 성공을 손에 넣을 것인지 말이다.

어느 쪽이 행복할지는 굳이 따지지 않아도 일목요연하게 알 수 있다.

인생은 깨닫는 자의 승리다. 특히 '분노'의 감정에는 인생을 보다 나은 방향으로 이끌기 위한 아이디어가 가득 담겨 있다. 자신의 '분노'는 긍정적으로 활용하면 삶의 큰 원동력이 되고 다른 사람의 '분노'는 비즈니스 기회가 숨어있다.

'조금만 더 자유로운 시간이 있다면', '돈만 있으면 잘될 텐데', '멋진 사람과 운명처럼 만난다면' 등 자신에게 없는 것을 바라기 전에 지금 자신에게 있는 것으로 눈을 돌리고 감사하자.

그러면 저절로 '분노'의 감정도 사라지고 새로운 행복과 성공을 위한 길이 반드시 보일 것이다.

인간은 익숙해지면 어느새 감사함을 잊어버리는 그런 생명체다. 그래서 나는 창업 당시에 회사명을 '오피스 감사'라고 지었다.

크게 한 번 대박을 터트리고 그것으로 끝나거나 성공을 오래 유지하지 못하는 이유는 '성공해서 자만해졌기 때문'이 아니다. '감사함'을 잊어버렸기 때문이다.

CHECK

🔽 지금 자신에게 있는 것에 감사하자.

나는 중학생 시절에 문제를 일으키거나 불량하게 행동하는 소위 '날라리' 학생은 아니었다. 그런데 두 번이나 담배 문제로 학생 처벌을 받은 적이 있다. 사실 두 번 모두 담배를 피우지 않았는데 말이다. 그런데 당시에 부모님은 그일로 나를 혼내거나 꾸짖지 않으셨다.

어머니는 학교로 불려가서 오히려 담임 선생님께 "애가안 피웠다고 하잖아요!"라며 내 편을 들어주셨다.

담임 선생님은 반쯤 웃으시면서 이렇게 말씀하셨다.

"과연 그럴까요? 어머님께서는 집에서 아이가 하는 말을 그대로 다 믿으시나 봅니다."

그러자 어머니는 선생님께 살짝 화가 나셨는지 이렇게

되물으셨다.

"아니 부모가 자식을 못 믿어주면 누가 믿어줍니까?"

어머니와 선생님의 대화를 옆에서 다 듣고 있던 나는 '이렇게 나를 진심으로 믿어주는 부모님을 실망시키는 일은 절대로 하지 말아야겠다'라고 다짐했다.

지금 두 아이의 아빠가 된 나는 이렇게 생각한다. '부모의 역할은 자식을 꾸짖는 것이 아니라 믿고 지켜봐 주는 것'이라고.

이 세상에서 불행한 '분노의 연쇄'가 사라지길 바라며, 간혹 화를 내는 일이 있어도 '분노'의 감정을 긍정적으로 활용해서 모두가 행복한 미소로 서로를 존중할 수 있는 세상이 되기를 간절히 소망한다.

마지막으로 이 책의 판매 수익금 전액은 신종 코로나 바이러스 피해 지원에 쓰도록 하겠다.

여러분이 더 '행복'하고 더 '성공'할 수 있기를 기원한다.

모리세 시게토모 森瀬繁智

옮긴이 이 지 현

이화여자대학교 의류직물학과를 졸업하고 일본 여자대학교로 교환 유학을 다녀왔다. 이화여자대학교 통번역대학원 한일번역과를 졸업했다. 현재 엔터스코리아 일본어 번역가로 활동 중이다.

주요 역서로는 《100일을 디자인하라》, 《엮이면 피곤해지는 사람들》, 《무적의 글쓰기》, 《영업의 신 100법칙》, 《설명의 일류, 이류, 삼류》, 《오늘도 뻔한 말만 늘어놓고 말았다》, 《미루기 습관은 한 권의 노트로 없앤다》, 《2035년의 세계》, 《채소를 말리면 맛이 깊어진다》, 《돈 잘 버는 사장의 24시간 365일》, 《예수의 언어》, 《흘러넘치도록 사랑하라》, 《스틸》, 《사람은 들키지만 않으면 악마도 된다》, 《내 마음을 구해줘》, 《세상의 이치를 터놓고 말하다》, 《하루 커피 세잔》, 《부자의 관점》, 《내 아이를 위한 7가지 성공씨앗(남자아이 편)》, 《Win의 거듭제곱》, 《칭찬이 아이를 망친다》, 《세계의 법교육》, 《인생에서 가장 소중한 것은 서점에 있다》 등이 있다.

뒤탈 없이 화내는 법

1판 1쇄 인쇄 2023년 3월 20일
1판 1쇄 발행 2023년 3월 30일

지은이 모리세 시게토모
옮긴이 이지현

발행인 양원석 **편집장** 정효진
디자인 최승원, 김미선 **영업마케팅** 양정길, 윤송, 김지현, 정다은, 백승원

펴낸 곳 ㈜알에이치코리아
주소 서울시 금천구 가산디지털2로 53, 20층 (가산동, 한라시그마밸리)
편집문의 02-6443-8847 **도서문의** 02-6443-8800
홈페이지 http://rhk.co.kr **등록** 2004년 1월 15일 제2-3726호

ISBN 978-89-255-7674-9 (03190)